# El Camino Hacia el Amor

## John L. Thomas, S.J.

**ACTA**

ASSISTING CHRISTIANS TO ACT

PUBLICATIONS

**EL CAMINO HACIA EL AMOR**
(Edición Revisada y Aumentada)

Adaptación al español del libro "Beginning Your Marriage".

Copyright © 1982 Acta Publications, Inc.

Numero del Catálogo de la Biblioteca del Congreso: 81-71328
ISBN No. 0915388-14-6

Impreso en USA


Este libro ha sido producido con la cooperación de la *Conferencia Caná de Chicago*, del *Movimiento Familiar Cristiano y de los Encuentros Conyugales*.

Traducción de Donald A. Dohr. Hna. Mónica Villagómez, H.P.I.C., P. Joaquín Anguera, Rosa de Casas y Ana María de Vázquez.

Damos las gracias al P. Pedro Rodríguez, C.M.F por su ayuda en la revisión de esta edición y por su traducción y acomodación de los últimos capítulos.


**Acta Publications, Inc. • 4848 N. Clark St. • Chicago, IL 60640**

# Indice

Índice

# EL PUEBLO DE DIOS

El ser humano es el único ser que sabe que va a morir, el único que se pregunta, "¿Para qué vivimos?"

Unicamente el ser humano puede dictar su futuro, puede hacerse la pregunta, "¿Qué es lo que realmente debo hacer, ya que no estaré aquí para siempre?"

Algunas personas suelen preguntarse, "¿Qué tiene que ver la religión con mi vida diaria? ¿Qué tiene que ver con mi felicidad?" Bueno, cada vez que el ser humano reflexiona en la pregunta final de la vida, en la muerte y en su significado, siempre que se pregunta, "¿Cómo debo vivir, qué debo hacer para encontrar la satisfacción plena?", ha entrado en el campo del pensamiento religioso.

## LA RELIGION ES UN MITO Y UNA VISION

La religión es el intento del ser humano por encontrar la respuesta a la pregunta clave de la vida. Consiste también, en la fidelidad del discernimiento interior de la propia conciencia. La religión es como una parábola, no en el sentido de leyenda o cuento, sino, en el sentido de la intuición profunda acerca del origen del ser humano y su destino más allá de un mero conocimiento científico. Esta es la historia básica que le dice a la persona humana quién es, mientras intenta aprender la realidad y llegar a alcanzar la comunicación con Dios.

La religión es la visión de un camino de vida ideal, invita al ser humano para que dé lo mejor de si mismo. Iglesia es un grupo de personas que comparten los mismos puntos de vista y las mismas tradiciones religiosas.

Nosotros, los que compartimos la herencia Judeo-Cristiana, creemos que la respuesta final se encuentra en el infinito Dios – Creador. El tomó parte en la historia y en la conciencia de la raza humana en un proceso llamado revelación. A medida que llegamos a la madurez debemos abandonar concepciones simplistas acerca de Dios y sus obras y reemplazarlas por una idea de Dios más rica y con más sentido para nuestras vidas.

La ciencia nos dice que el universo ha estado expandiéndose a la velocidad de la luz por millones de años. La teología nos desafía con la realidad que más allá de todo, más allá del espacio y del tiempo, y en el mismo origen y fundamento de la vida, está un Dios que es un ser infinito, totalmente otro y que a pesar de eso es nuestro Padre. ¿Qué significado tiene El para tí?

## COMO SE RELACIONA DIOS CON LA VIDA

Los acontecimiento del libro del Exodo nos dicen en qué forma Dios libró al pueblo Judío de la exclavitud de Egipto y se reveló a ese pueblo.

"Si ahora me escuchan y guardan mis Mandamientos, entre todas las naciones, serán mi pueblo escogido. Serán mi pueblo santo." Este fue el testamento, el pacto, la alianza del pueblo al que Dios prometió un destino glorioso. Pero, la antigua alianza fue solamente el principio. "En los últimos tiempos Dios envió a su Unico Hijo, para hacer en adelante un nuevo pueblo, un pueblo sacerdotal, una iglesia, una comunidad de santos."

Pero, ¿para qué formar una comunidad especial? Porque la raza humana creada con libertad tenía también una flaqueza original, una imperfección, que es el egoísmo.

Hace dos años, me comprometí a presentar el próximo julio una serie de charlas en un monasterio a 400 kilómetros de mi casa. Al acercarse la fecha, ocupado en otras cosas, me irrité un poco, al tener que "perder" tres días de mi ocupadísimo horario.

Cuatro días antes de mi viaje, recibí una llamada telefónica del Prior del monasterio, "oiga, el seminario de la próxima semana ha sido cancelado. El Padre Jorge (que estaba encargado del programa) acaba de recibir la noticia de que su madre, padre y hermana perdieron la vida en un accidente en una carretera lejana." Colgué el teléfono y sentí un gran alivio, llamé al compañero de la otra oficina y le dije, "Oye, ¡buena noticia! no tengo que ir." Un amigo mío había perdido a su familia y ¡yo llamo a eso "buena noticia."!

El defecto principal del ser humano es éste. El hombre presume que él es el centro y señor de la creación y que sólo sus intereses son de importancia. Una piedrita en mi zapato es "más serio y trascedental" que mil naciones que se mueren de hambre después de tormentas y terremotos. El hombre tiene miedo de entregarse a los demás. Para curar este defecto de egoísmo se requiere una comunidad que sepa amar.

## LA IGLESIA ES UNA HISTORIA DE AMOR

Si quieres entender a la iglesia, estudia su origen. En los primeros días, después de la Resurrección, cuando el Espíritu Santo, el Espíritu de amor, descendió sobre un grupo muy pequeño de hombres y mujeres, reunidos alrededor de los apóstoles, ésta fue la iglesia, los hijos de Dios. Nuestra palabra, "iglesia" está llena de muchos recuerdos, pero algunos de los términos originales, nos hablan más claro. Tenemos la palabra Hebrea, "gahod," la "asamblea de la gente", o aún mejor la palabra Griega "ecclesia" que quiere decir "pueblo especialmente llamado."

La iglesia primitiva fue totalmente diferente a la iglesia que nosotros conocemos. Entonces, no había diócesis o catecismos, órdenes religiosas o confesionarios, códigos o leyes. Sin embargo, la iglesia estuvo allí, porque la iglesia no es un edificio, una estructura o un código legal. La iglesia es un pueblo que vió una visión, escuchó una historia de amor, creyó y llegó a ser una comunidad de amadores en Cristo.

## ¿QUIEN ES SANTO?

¿Por qué Dios escogió y formó un grupo especial de gente santa? Analicemos la palabra "santo." "Santo" teológicamente significa ser como Dios. Esta idea no nos ayuda mucho, dado que muchas personas tienen ideas infantiles acerca de Dios. Para algunos, El es como un "Muñequito—Dios" que nos consuela siendo a la vez una garantía de seguridad. Como si Dios fuese a arreglar todo, sin tener en cuenta cómo hemos vivido. Dios y yo tenemos un trato. Dios comprende y lo arregla todo. En mis últimos momentos el ángel color rosa vendrá y me llevará por encima de las nubes.

Para otros Dios es: "caprichoso" o el "Dios de los rayos," El es el "espía en los cielos que sabe y conoce todos nuestros deseos y pensamientos más recónditos." El nos ha dado reglamentos, leyes y tareas desagradables y nos observa desempeñándonos como ratones de laboratorio. Cuando fallamos a la prueba, Dios llama a esto pecado y de hecho nos arroja al infierno.

Estas ideas equivocadas hacen imposible que Dios tenga significado en nuestra vida cotidiana. Si el ser santo es una semejanza a Dios. Entonces, ¿quién puede identificar a Dios con un muñeco o con un caprichoso?

¿Qué sabemos en realidad acerca de Dios? Solamente lo que El nos ha revelado. Las Escrituras nos dicen: que Dios es amor.

"Dios es amor y el que habita en el amor, habita en Dios y Dios en él."

Dios es tres personas: Padre, Hijo y Espíritu Santo, juntos en el abrazo eterno de amor. Dios es una comunidad de amor. La esencia pura de Dios es amor. Por lo tanto, si la palabra "santo" significa ser semejante a Dios, entonces también significa saber amar. Significa además, alguien que se olvida de sí mismo y se relaciona con los otros en el amor.

Ser santo no quiere decir ser como los santos pintados en los vitrales pálidos con un lirio en la mano. Tampoco quiere decir, que estemos alejados o que tengamos miedo de ser contaminados por el mundo. La santidad, sea que nos refiramos a Francisco de Asís, Catalina de Siena, Juan XXIII, Rosa de Lima, o Teresa de Avila es siempre la misma. Ser semejante a Dios significa: un amador, un apasionado, un entregado en plenitud a la gente de carne y hueso. Los cristianos deben ser gente de amor.

## LA VISION

¿Cómo se levanta un pueblo? Con una visión. Simón Bolívar organizó a los criollos con una visión de excelencia. El Cura Hidalgo y Morelos también tuvieron la visión de un México independiente. Washington y José Martí invitaron a sus pueblos a formar una nación nueva dedicada a la libertad, la igualdad y la justicia para todos. Se forma un pueblo con una visión que ellos puedan hacerse eco y con espíritu que compenetra y entusiasma.

Retrocedamos a los primeros cristianos. ¿Cuál fué la visión que les iluminó y la que les hizo un pueblo, la que les hizo una iglesia? Tuvieron la experiencia de Cristo — las palabras, las promesas, y la presencia vibrante y viva del Dios — hombre que durmió con ellos, pescó con ellos, comió, sonrió, habló y cantó con ellos. En sí mismo reveló el significado de la vida: una visión revoluncionaria. Cristo dijo cosas como, "Si alguien te hiere en la mejilla, dale la otra. Si

alguien se lleva tu ropa, corre trás él y dale también tu capa."
El nos enseñó que no es una gran azaña el amar sólo a
aquellas personas que nos aman. Los paganos hacen también eso. El predicó que el deber de los cristianos es ser iniciadores del amor—amar al que no es amado, amar a los
enemigos, amarnos unos a los otros, perdonar incontables
veces y más aún, dar la vida por el amigo. El nos reveló la
clave del Misterio Pascual: que la vida se obtiene por medio
de la muerte. Si queremos encontrar la plenitud de la vida
eterna, tenemos que morir nosotros mismos y amar a los
demás.

## ATRAVESANDO EL CAMINO

¡Ten cuidado! No estamos repitiendo la mansedumbre
tradicional que escuchaste en la doctrina infantil. La misión
de un cristiano no es la de comprar un gran cartelón que
diga, "pateadme, yo soy un cristiano." No, Cristo estaba
hablando de cosas más auténticas.

Tomemos por ejemplo a Pepito. Tiene 7 años de edad.
Sus padres le enviaron a tomar lecciones de natación
durante el verano. El ha aprendido a nadar. pero ahí está,
dudando, al borde de una piscina aterrado con la idea de
sumergirse. El profesor sabe que el niño está listo para nadar;
se le acerca silenciosamente y le da un empujón y el niño
nada. Repentinamente a Pepito le gusta. Ya perdió el miedo.
Se sube al trampolín, se sumerge y vuelve a repetir la escena
por un sinnúmero de veces por mero placer, hasta que su
mamá le dice, "es hora de regresar a la casa." El ha pasado
por una experiencia linda y ahora disfruta de esta actividad
nueva que nunca hubiera conocido si alguien no le hubiera
animado a perder el miedo.

Veamos al hombre que sólo piensa en sí mismo y conoce a la mujer de sus sueños. Ella lo desarma. Ya no se
preocupa de sí mismo y empieza a vivir con mucho más
amor. El Señor nos está diciendo que la clave para llegar a la
vida es el salto hacia la fe y la confianza en el amor.

Si olvidamos por un momento nuestras ansiedades, comodidades, puntos de vista, nuestra imagen, nuestro poder de controlar a las personas, si lo podemos alcanzar con amor y amistad, llegaremos a tener una experiencia muy rica que nos brindará regocijo, amor y felicidad.

## EL SUEÑO IMPOSIBLE

El Señor les dió a los primeros cristianos (también a nosotros) una visión de cómo sería el mundo sin miedos, odios, crueldades, intereses propios y mezquindades. Ellos estaban iluminados de una visión y nosotros también debemos estarlo.

El Señor les dijo a los hombres que no les dejará solos, que son hijos de Dios y por consiguiente son hermanos. Prometió que a todos los que creyeran y se bautizaran en El les enviaría el Espíritu de amor para motivarlos y hacer una comunidad de amor. Les desafió a que soñaran el sueño imposible del mundo no tal como es, pero como éste sería, siempre que existiera paz, justicia, interés mutuo y, sobre todo, el verdadero espíritu de amor. El Señor les envió a que compartieran su visión con todos los hombres, les mandó que trabajaran con amor, que dieran testimonio y transformaran la faz de la tierra.

## ¿POR QUE SE NECESITA LE IGLESIA?

Si ya tenemos una visión y una llamada al amor, ¿para qué necesitamos la Iglesia? ¿Acaso no se puede salvar el pueblo, sin inscribirse en una Iglesia? La respuesta es "sí." Como San Agustín dijo, "Hay muchos en la iglesia que no pertenecen a Dios y muchos que pertenecen a Dios que no están en la iglesia." Entonces, ¿de qué sirve la Iglesia?

Mucho antes de Cristo, existía el amor en el mundo. Pero Cristo vino a dramatizar el amor, a decirnos que no seamos egoístas, que amemos, que Cristo es el centro de la realidad, que nos dió una forma nueva de mirar la vida; ver todas las cosas con realismo y amor. Para encontrar tu vida necesitas un cambio de corazón. Derramad vuestras vidas en el amor y luego encontraréis la vida en abundancia.

La iglesia es éste cuerpo de personas que aceptan esta visión de amor. Notemos, que estamos hablando de los cristianos que se comprometen a ser fieles en todo.

Sin duda alguna, puede haber, y hay, muchos amantes de la verdad fuera de la iglesia. Pero la iglesia es visible, un grupo formal que se mantiene en el trabajo de explorar la visión del amor total—de estudiarlo, de vivirlo, de ser testigos y atraer a las otras personas, haciéndoles ver la necesidad de cada edad y de cada cultura. Los cristianos son la porción amada, son la luz, la levadura que fermenta y renueva el mundo. Los cristianos son los llamados a re-descubrir, re-vivir y repetir la historia de amor en cada etapa del mundo, "hasta que Cristo vuelva otra vez."

## LA LITURGIA Y LA EXPERIENCIA DEL AMOR

Solamente aquellos que han experimentado el poder transformante del amor, son capaces de hacer algo por esta causa. El papel de la liturgia es formar una comunidad de hermanos, dándoles una visión de lo que es el verdadero amor. A través del año litúrgico se repite la historia del hombre—Dios que nos amó hasta el punto de dar su vida para demostrarnos su amor. ¿Por qué hay tantos cambios en la liturgia? Porque la liturgia es el reflejo de una comunidad que vive, crece y se desarrolla. La vida no tiene leyes. La liturgia, al igual que la vida, cambia no sólo con las personas sino con los tiempos y circunstancias de la historia. La liturgia es la celebración comunitaria en la que Dios se nos da y nosotros le entregamos nuestras vidas por medio de nuestra participación en los sacramentos y ceremonias.

## NO DEBE HABER EXTRAÑOS

La liturgia cristiana se basa en la realidad de que Dios es amor y en nuestra necesidad de aprender a amar. Su propósito es decirnos quiénes somos. Celebrar esto, es dramatizar repetidas veces los acontecimientos más importantes de nuestra historia de la salvación y al mismo tiempo impregnarnos de su espíritu y de la palabra de Dios.

Cuando sus amigos se van a la orilla del mar, encienden hogueras, cantan canciones viejas, cuentan y vuelven a contar historias, ésta es una manera de formar amistad. Podríamos decir que esto es una "liturgia" a lo humano. Se termina con muchas más amistades de las que se tenían antes. Se han enriquecido de experiencias. Dijo un sacerdote anciano: cuando yo sea párroco, haré que todas las personas lleven su nombre respectivo escrito en un rótulo. Tendremos discusiones antes de la Misa, café después de ella y vino cuando podamos comprarlo, con el fin de que la gente de la parroquia se conozca mejor, se desarrollen lazos de intimidad y confianza, se preocupen el uno por el otro y lleguen a tener una sólida y profunda amistad.

Las únicas personas a las que despreciamos son los extraños, (los grupos de minorías que amenazan nuestros trabajos y nuestros vecindarios, las personas que amenazan nuestra seguridad y estimación propia). Las personas nos disgustan cuando las miramos como extraños o como extranjeros en nuestro País. Cuando dos esposos tienen un disgusto y uno de ellos se queja, "El no me hace caso," "Ella no me comprende" etc. el consejero matrimonial los describe como extraños el uno para el otro.

La Liturgia trata de hacernos comprender y revivir el hecho de que no hay "extraños" en la comunidad de amor. Todos nosotros somos hermanos, todos somos uno, debemos formar un sólo corazón y una sola alma, dado que somos redimidos y transformados por la Sangre de Cristo.

Las Escrituras nos hablan del hombre que se mira en un espejo, y alejándose de él se olvida de su imagen. Hoy día, con la marcha frenética de nuestras vidas tan llenas de ocupaciones, es tan fácil olvidar que somos parte del pueblo amado. Es fácil centralizarnos en nostros mismos, totalmente aturdidos en nuestro pequeño mundo, cautivos de nuestros propios sentimientos. En la liturgia, dado que escuchamos, oramos, hablamos, cantamos y comemos juntos, encontraremos nuestra propia identidad. Reconocemos que no somos dioses, que no somos el centro de todo y que debemos regresar a Dios a través de nuestros hermanos.

## LOS SACRAMENTOS

Cristo y su Iglesia, su pueblo, son el sacramento primordial, esto es, el gran símbolo y la causa de nuestra redención. Existen otras siete señales que nos ponen en comunicación con el amor de Dios al que nosotros llamamos también sacramentos. Recordad, "El sacramento es una señal exterior instituída por Cristo para comunicarnos la gracia." Es necesario que recordemos esta definición básica del catecismo y, a la vez, entendamos su significado.

¿Por qué debemos recibir los sacramentos? Para aumentar la gracia; así se nos enseñó. Pero, la gracia no es una cosa. Recibir la gracia, no es lo mismo que poner "descongelante" en un carro, con el fin de que éste pueda soportar el invierno. Seis cuartos de este líquido son suficientes, pero ocho cuartos, son mucho mejor porque el tiempo puede estar muy frío. La gracia no es una cosa, no es un "descongelante" o energía eléctrica, ni mucho menos, una droga estimuladora que nos hace reaccionar.

Los sacramentos no son algo mágico. (Algunas personas piensan, que si el sacerdote estuviera en pecado, pero, pronunciara las palabras de la consagración correctamente, y si los participantes estuvieren casi dormidos y obtuvieran la hostia intacta en la boca, algo maravilloso sucedería cuando realmente nada hubiera pasado.) La gracia de Dios debe trabajar a través de las mentes, los corazones y la actitud de los hombres.

## LA PRESENCIA DEL AMOR

Un niño que viene de un hogar donde la situación es pavorosa, estudia en una escuela especial, en donde una profesora sicóloga trabaja con él. Ella es sumamente paciente con el genio variable del niño, le acaricia cuando éste llora, le premia cuando éste traza una línea recta. Con esa experiencia que tiene le demuestra cuidado y amor. Paulatinamente, así como el calor y la luz del sol convierten un botón en flor, de la misma manera, la presencia de su amor va ensanchando el corazón tierno del niño. Todo está revelando su personalidad. Deja el miedo atrás y empieza el riesgo de la vida. El amor de la profesora le ha dado una personalidad madura y le ha convencido de su propio valer. El fue creado con amor.

Así la presencia de Dios está con nosotros ahora y siempre, con su arte creativo de amor y providencia. Dios está con la humanidad. Cristo nunca cambia, existe y está presente en todos. Los sacramentos son ritos especiales por medio de los cuales nos entregamos plenamente a El, a Su amor, que siempre está a nuestra disposición dependiendo de nuestra fe y amor.

Algunas personas tienen una idea falsa cuando van a confesarse. Miran a Dios que está tranquilamente en el cielo. Es molestado por San Pedro cuando éste le da un codazo. Nos mira desde su trono, nos señala con su dedo, nos envía un poco de gracia. Esto no es verdad. La teología nos dice que Dios no cambia. El es siempre cariñoso, constantemente presente en nosotros.

Por medio de los sacramentos se opera un cambio dentro de nosotros. Se puede ver un cambio radical de amor, una comprensión profunda de la fe, de quiénes somos y para qué estamos, una gran dedicación a Dios y a nuestros compañeros. Los sacramentos son eventos de reunión, para encontrarnos con la presencia amorosa de Dios.

## SIMBOLO DE REALIDAD

Los sacramentos son símbolos o señales. Trabajan como símbolos y los símbolos son reales.

Si Ud. tiene un césped y quizá ha puesto un aviso que dice: "mantengan los perros fuera del cesped." Si su vecino permite que el perro camine en el césped, Ud. podría salir y mostarle el aviso. El vecino lo lee y saca a su perro del césped. En este instante, el aviso está desempeñando el papel de letrero. Pero, en el caso que Ud. corriera hacia el aviso, lo tomara en las manos y golpeara con él al vecino y a su perro, la señal no desempeña el papel de aviso, síno el de garrote.

Los sacramentos trabajan como signos o símbolos y en este sentido son profundamente humanos. Tomemos el "tabú" americano que dice: "ninguna persona puede hablar en un ascensor que esté lleno de gente." En él van 16 personas muy apretadas, hombro con hombro. Pero realmente no están presentes el uno al otro en ningún sentido humano, dado que sus mentes y sus emociones no tienen que ver con la de los otros y todo esto, por falta de comunicación. Son como las bolas de "billar" en un estante.

En una esquina del ascensor está un muchacho que trabaja en la bodega. Ocho pies más allá, una joven mecanógrafa. Ella sonríe y él mueve la cabeza queriendo decir con ésto, por lo menos a ella; "ven, tomemos una taza de café." Ella mueve la cabeza dando su consentimiento. Han se han comunicado por señas, su contacto es mucho más humano, más profundo, más real que el de las personas que estuvieron juntas en el ascensor pero sin hablarse.

El ser humano recibe todos sus conocimientos, toda la información que mueve todas sus emociones por medio de señales, palabras, tocamientos y sonidos. Esta es la única forma de comunicación en el nivel humano. Es la única forma en la cual Dios puede comunicarse con nosotros.

## LAS SEÑALES TIENEN PODER

Las señales y los símbolos actúan a través del tiempo y del espacio. Tus padres, como tú, pueden tener un canto que les trae muchos recuerdos. Si en el aniversario de bodas de plata, la esposa toca el disco preferido por su esposo, ese "símbolo" hace revivir memorias de un amor joven, dedicación, sueños de un tiempo en que la vida era nueva. Esto tiene el poder de conmover al esposo inmediatamente. Esto a su vez puede conmoverlos a ambos y causarles cambios; en fin, les puede hacer más cordiales y más cariñosos.

Veamos otro ejemplo. En el verano antes de su muerte, John Kennedy habló en Berlín durante la crisis, frente a 200,000 personas. Con su característico ademán cortante y lleno de profunda emoción dijo: "Si estar aquí, al borde del peligro significa ser un hombre libre, entonces, Yo también soy Berlinés." Si tú no estás muy desilusionado y comprendes claramente este símbolo al escucharlo nuevamente por la radio o al verlo en una película, puedes conmoverte con la imágen de esos años en que el estílo del joven presidente nos inspiró la confianza de que podríamos enfrentarnos con cualquier reto del mañana. John Kennedy existió.

Este evento, aún tiene el poder de movernos hondamente. Cristo existió. Los eventos de Cristo tuvieron lugar. Cuando simbólicamente nos ponemos en comunión con El, entonces ellos tienen poder. El puede conmovernos, si abrimos nuestras mentes y corazones para encontrarnos con la historia de amor.

Quizás la mejor analogía del sacramento es un beso. Jorge y Susana salen juntos. El es muy tímido, pero se siente orgulloso de que Susana esté con él, porque ella es encantadora. El habla y ella le escucha. Ella habla y él le entiende. Comen, bailan y hablan, se interesan y se compreden el uno al otro. Nunca se ha sentido tan libre y tan a gusto con ninguna otra persona, ella lo invita a su casa y maravillado se pregunta: "Es cierto que le gusto a ella? En el balcón de la casa de ella, piensa: ¿Es ésto el principio de algo? ¿Debo besarla o no?" Finalmente, cobrando ánimo la besa tiernamente y ella responde a su caricia. En éste símbolo, él encuentra significado." Sí, ella pasó un rato agradable. Sí, verdaderamente que yo le agradé." Este símbolo sella y confirma el interés, el amor y la amistad profunda que empieza a florecer entre ambos. Pero el beso mira también hacia el futuro y conduce a decir a Jorge. "Sí, esto es hermoso, bueno, yo le volveré a llamar otra vez." El beso no sólo confirma lo que fue antes, sino, que ahonda la amistad, produce más interés y estrecha los vínculos entre ambos.

De igual manera los sacramentos, también, no son sólo señales de amor divino, sino, que causan también cambios y crecimientos porque ellos, encaminan la mente y las emociones del creyente a sumergirse profundamente en el misterio de los Evangelios, en la presencia y la gracia del Dios de amor.

## SIETE SEÑALES DE AMOR

Dios se hace visible al hombre por medio de Cristo. Cristo es el símbolo, la palabra del Padre. En Su pueblo, Su iglesia, Cristo (y por tanto Dios), se mantuvo visible a todos nosotros a través de la historia, y la iglesia a su vez se hizo visible por medio de los siete sacramentos. Por medio de éstos nos conmovemos y en una forma especialísima nos ponemos en comunión con la realidad de Cristo.

Desde tiempos inmemorables, el hombre ha celebrado los puntos importantes de la vida humana, nacimiento, muerte, banquete, perdón, llegar a la edad madura, escoger la vocación: sea el matrimonio o el sacerdocio. La llave de estos eventos, están señalados por una celebración la cual contrasta con lo común de la vida diaria y a su vez subraya su importancia.

Fueron estos puntos claves de la existencia los que Cristo llamó sacramentos, a fin de que además de su significado antiguo, nos cuenten también el profundísimo significado de la realidad, que la vida es amor, que podemos ser enteramente humanos a través del desafío y de la inspiración de la presencia del amor divino.

EL BAUTISMO es la iniciación hacia la comunidad de amor. Los adultos bautizados dicen en efecto: "Yo acepto los conocimientos de la existencia de Cristo. El me sostiene, y me compremeto a Su comunidad de amor y a su trabajo en este mundo."

LA CONFIRMACION es como un paso. Así como al llegar a la adolescencia, el niño indio era puesto a prueba en ceremonias penosas con el fin de que demostrara su hombría. Evidentemente, ya no era un niño; ya era uno más de la tribu, siendo alimentado y cuidado por los adultos. Ahora, está en otra condición, la de ser guerrero y cazador para así, servir a la tribu. La Confirmación es un desafío para las personas jóvenes, para que entren en plenitud en la vida Cristiana y activen la tarea de amar y de servir.

LA RECONCILIACION es la vuelta a Cristo y s Su comunidad. El que ha hecho algún daño se arrepiente y vuelve otra vez a las relaciones de la verdadera amistad.

EN LA UNCION DE LOS ENFERMOS, cuando el ser humano se confronta con el misterio cósmico, con "el gran tal vez" de la vida después de la muerte, está listo y seguro de que esto no es el final, sino, el verdadero empezar de la vida en un amor eterno.

EN LA EUCARISTIA, la comunidad Cristiana comparte el cuerpo de Cristo como comida. Para el hombre, el compartir de los alimentos era el más alto acto de amor. No tenía bodegas llenas. Vivía a un paso de morirse de hambre. Cuando dejaba de comer, estaba poniendo en peligro su propia vida, por el bienestar de los otros. Esto mismo hizo Cristo: se dió libremente a la muerte y muerte de Cruz en un acto de amor inmenso. En la Eucaristía, el cristiano dice: "Alimentaré mí espíritu y trataré de vivir a plenitud el ideal del amor, que es fuerte como la muerte."

EL SACERDOCIO, es la designación de ciertas personas de la comunidad para aprender, para vivir y para contar una y otra vez la historia de amor de la comunidad Cristiana, para servir al pueblo y recordarles lo que ellos son.

EL MATRIMONIO, es el sacramento del amor humano al servicio de una vida nueva. Es el sacramento del amor, amor fiel de un hombre y de una mujer que se han comprometido por entero, hasta que la muerte les separe, a criar y educar a sus hijos hasta que lleguen a ser adultos en la vida Cristiana.

"Un sacramento es un encuentro con Cristo."
"Dos personas que se unen en matrimonio en Cristo llegan a formar un sacramento."

## TEMAS DE DISCUSION

El concepto que tengo acerca de Dios es de profunda repercusión, quizás, más de lo que yo conozco. . . . ¿Qué imagen tengo de Dios y como ésta se desarrolla?

La profesión de fe y el amor altruístico viene a significar que yo soy el centro de mi mismo. ¿De qué manera quiere Cristo que Su iglesia me ayude a lograr ésta transformación?

Las personas cambian únicamente por medio de la influencia del amor dado por los otros. ¿Esto se ha hecho una realidad en mi vida?

# SIMBOLO, SEÑAL Y SACRAMENTO

Si una nación no existiera, lo que llamamos la bandera nacional sería sólo un bonito pedazo de tela, sin ningún significado. La bandera, para ser un símbolo, debe representar al país, a la gente, a sus tradiciones y a sus sueños.

Aunque no existiera el Evangelio, aunque no existieran cristianos, el matrimonio seguiría siendo una institución natural (tal como lo fue por muchos años antes de Cristo), pero en cambio no sería un sacramento, un símbolo con significado especial. Así como la bandera debe ser entendida con relación al país o nación que representa, así también el sacramento debe ser entendido con relación a la iglesia.

El matrimonio y los otros sacramentos son signos efectivos del amor redentor de Cristo en el mundo. Son los que repiten y reviven la visión de amor del Evangelio.

## NUESTRAS CREENCIAS AFECTAN LA MANERA COMO VIVIMOS

¿En qué se diferencian los Pérez, que inician su vida de casados con la bendición sacramental, de los esposos García que no tienen este matrimonio sacramental? ¿Se miran o actúan diferentes los unos de los otros? ¿Es posible que los García sean mejores personas que los Pérez? ¿Qué añade la dimensión sacramental a un matrimonio?

La persona modifica su vida y su comportamiento según lo que cree y ama. Un hombre convencido de que él es Napoleón puede pasar sus días, con las manos metidas en el chaleco, dando órdenes a ejércitos imaginarios. Si las convicciones de dos personas modifican y dan forma a su vida, las convicciones de dos personas que se casan dan una cualidad especial a su matrimonio. Si ambos compañeros comparten las mismas profundas convicciones, éstas refuerzan a ambos y se convierten en un factor importante del éxito de su matrimonio.

Dos cristianos comprometidos están dotados de una visión especial de fe, la cual modela y da una forma particular a su matrimonio. Estamos hablando de verdaderos creyentes, no de cristianos sólo de nombre, no hablamos de la pareja que cuando le preguntamos: "¿Por qué quieren Uds. casarse por la Iglesia?," responden: "La verdad es que no nos importa, sino que nuestros padres lo prefirieren así." Para esta pareja, el sacramento es un rito vacío y sin significado, y la ceremonia de la iglesia es simplemente una costumbre tradicional.

## DETERMINACION CRISTIANA

Dos personas verdaderamente cristianas comparten sus creencias, actitudes, esperanzas y deseos que dan un carácter especial a su matrimonio. Creen en mayor o en menor grado:

— En una realidad más allá de este mundo.

— Que están llamados a servir el uno al otro con un amor altruísta, misterioso, sacrificado, que se extiende más allá de la lógica de los sicólogos.

—Que la Iglesia, el pueblo de Dios, es una comunidad de creyentes, guardadores de la Historia de Amor, a la cual deben acudir para tener visión y apoyo.

—Que su relación matrimonial está llamada a ser un símbolo eficaz por medio de la repetición y la representación de la Historia de Amor del Evangelio para la inspiración de sus hermanos y de todos los seres humanos. Precisamente por esto, San Pablo llama al matrimonio un gran misterio que refleja a Cristo y la unión con su Iglesia.

¿Qué tiene de especial el matrimonio sacramental de los Pérez? Los teólogos lo llamarían "determinación cristiana." Sus mentes y sus corazones están abiertos y estampados de tal forma que ellos viven en el contexto del mensaje cristiano.

Afirman lo que Jesús y su Evangelio revelan sobre el sentido básico de la vida que no acaba con la muerte, pues El dijo: "Uds. tendrán vida y la tendrán en abundancia."

¿No has leído alguna vez un artículo y lo has encontrado difícil y confuso y, de repente, has descubierto una frase crucial que lo aclara y hace que todo caiga en su lugar? Eso es lo que Cristo es para los Pérez por medio del sacramento del matrimonio. Cristo es la respuesta al misterio de la existencia. El es la luz, la clave, la solución que da sentido a la realidad de su vida, que los libra de sus temores, de crecer más allá de sus posibilidades para llegar a mejorarse y ser plenamente humanos.

## LOS PRINCIPIOS DEL SACRAMENTO

El sacramento del matrimonio comienza cuando una pareja se pone en la presencia de Dios y declara: "Nosotros nos unimos hasta que la muerte nos separe." Notemos que cuando hacen esto, están empezando una amistad. Sin duda, han estado enamorados por meses y hasta por años.

Lo que están haciendo es anunciar y publicar su amistad al mundo. Están convirtiendo esta amistad en un sacramento que es un símbolo efectivo del amor Redentor de Cristo para ellos, para sus hijos y para los demás seres humanos.

En verdad están diciendo algo gozoso que, sin embargo, llena de asombro. "Suceda lo que suceda, vamos a unir nuestras vidas en una sola, juntos para siempre, para vivir, amar y crecer juntos, para educar hijos, crear una familia, para servir a Dios y a los demás seres humanos desde esta comunidad cuyo núcleo es el amor."

Están diciendo: "todo lo que soy y lo que llegaré a ser te lo brindo a tí. Quiero descubrirme a mí mismo por tí y trataré de descubrir todo lo mejor que hay en tí."

Están exclamando: "Nosotros creemos en la visión cristiana, en el sueño imposible de que si nosotros entregamos nuestras vidas el uno al otro, ambos poseeremos una vida más abundante. Tenemos valentía para tratar de imitar y vivir la Historia de Amor del Evangelio. Queremos que Uds., los cristianos, sepan esto; que tengan valor como nosotros, que se sientan animados por el hecho de que estamos dispuestos a arriesgar nuestras vidas."

Esta visión cristiana es una realidad que hace la vida digna de vivirse, es la que nos traerá la felicidad aquí y más allá. Finalmente dicen: "Hacemos esto como pertenecientes a la comunidad cristiana y necesitamos tu ayuda, tu apoyo, tu amistad, tus oraciones y tu presencia para que este sueño pueda realizarse."

## SACRAMENTO DEL UNO PARA EL OTRO

Hasta el punto que una persona puede entrar, tocar y moldear la personalidad del otro en el matrimonio, tú estás invitado y comprometido a hacer únicamente eso, asumir la responsabilidad del crecimiento y destino de tu esposo o esposa. Tú estas llamado a descubrir lo mejor que hay en él o ella. Esta es tu tarea. Esta es tu obra a realizar.

Para los novios el amor providencial de Dios, el plan de redención eterno, la visión del Evangelio, es enfocado y concentrado en tí y a través de tí. En el matrimonio tú eres ese punto de contacto. Tú eres la personificación del amor de Cristo para tu cónyuge. Tú estás irrevocablemente designado, comisionado, ordenado a redimir a él o a ella, traerla a la plenitud de la vida. Ambos son los ministros y portadores del sacramento del uno para con el otro.

## ¿QUIEN ES "MEJOR"?

En el matrimonio la pareja "sacramental" encuentra a Cristo de una manera especial. Cristo les llama para hacerles un don completo de sí mismo y así crecer en este proceso. Deben ser la presencia amorosa de Cristo, el vehículo de su gracia uno para con el otro.

Si se cumplen estas condiciones, ¿podrían los esposos García ser "mejores" personas que algunas parejas que recibieron el sacramento del matrimonio? Si, por costumbre y herencia, ellos han sido educados en un nivel significativo de amor, virtud y servicio, ellos podrían ser "mejores" que los que son cristianos meramente de nombre.

Dios no está limitado por nuestra concepción de El. No está obligado a operar solamente en la forma que nosotros entendemos o pensamos. "Dios escribe derecho en líneas torcidas", muchas veces muy torcidas.

## CRISTO ES LA CLAVE

De nuevo, ¿qué es lo que hace diferentes a los que se casan por la Iglesia? Su creencia en Cristo. Pueden llegar a ser más plenamente humanos, confiando en el compromiso de fe que han hecho, porque están en contacto con el amor divino.

San Irineo, en el siglo III dijo: "El hombre plenamente humano es la gloria más grande de Dios." La persona humana ideal es la que puede amar más sin egoísmo. Para los creyentes, Cristo es el ideal, el modelo. Mientras llegamos a ser más profundamente humanos, más sabios, más maduros, más emocionalmente balanceados, más generosos, más nos asemejamos a Cristo, al Hombre-Dios, en quien la humanidad y la divinidad se juntaron.

El ser humano, dejado a sí mismo, tiende a centrarse en sí, tiene miedo de su propia imagen, y será agresivo y manipulador de los demás para mantenerse como centro de la creación. Todo esto le impide llegar a ser plenamente humano. El ser humano necesita una visión de fe y la llamada de la gracia de Dios en Cristo para ayudarle a ser lo que él es capaz de ser.

En el sacramento, el amor conyugal de una pareja es asumido por el amor de Cristo.

Y ahora, una palabra decisiva debe ser mencionada, la única palabra que realmente nos coloca en el Nuevo Testamento: "La cruz." Sólo así se logrará un amor que está por encima de los contratiempos y desilusiones, una fidelidad que está por encima de los fracasos humanos, para llegar a la alegría completa, para encontrar un amor que satisfaga. Es el amor y la lealtad que persisten donde humanamente, parece no haber razón para ello.

Lo mismo pasó con la cruz de Cristo; donde ya no había esperanza, llevó alegría, salvación, y vida nueva.

"La presencia del amor de Cristo en el matrimonio no quiere decir que no habrá choques de temperamento, errores en escoger al cónyuge, problemas con los niños, nervios, enfermedades, aburrimientos y aun la separación. Significa que para los cristianos siempre hay una dimensión presente de amor que fortalece, consuela y da esperanza."

## EL SACRAMENTO SE MANIFIESTA EN ACTOS CONCRETOS

¿En qué forma una pareja muestra la presencia del amor de Cristo, el uno hacia el otro? No siendo beato, ni cargando sus días con dulces prácticas religiosas. No, el influjo del amor de Cristo es aún más humano y realista. La pareja se perfecciona mutuamente porque el matrimonio es una escuela de amor.

Al comenzar la vida, el niño se conoce solamente a sí mismo. Tienen que pasar meses antes de que llegue a darse cuenta de que la persona tierna es su mamá y la persona seria es su papá. Su única tarea es sobrevivir. Interesado únicamente en sí mismo, el niño sólo sabe recibir y exigir.

Pero poco a poco, después de años de amor constante, de servicio, de alimentos, de caricias y alabanzas que los padres le han ofrecido, el niño empieza a confiar en los otros y se dice: "Si mis padres se toman tanto tiempo para mí, yo debo ser digno de amor." Empieza a tener confianza y a mirar en forma recíproca hacia otros. De esta manera la familia, "la primera escuela de amor," lo ha iniciado en las primeras etapas de su crecimiento.

Durante la etapa de la adolescencia, sus amigos, sus compañeros y sus maestros continúan la enseñanza del amor. Aprende que sus talentos, sus actitudes y él mismo son apreciados, que él es aceptado y querido, aunque se equivoca a veces. Aprende lo que es la amistad, la leatad, el compartir con otros, los principios del servicio a los demás.

En el noviazgo y en el matrimonio, la pareja entra en una escuela avanzada de amor. Juan y María dejan atrás el 'YO" y el "TU," empiezan a pensar mutuamente en "NOSOTROS." Al crecer la confianza y el entendimiento, llegan a comprenderse mutuamente, revelando más de su interior; y en este proceso de expresión se conocen completamente. Sus pensamientos, y particularmente sus sueños, llegan a ser más claros al tratar de ponerlos en palabras y tratar de conocer la reacción del cónyuge.

En la mirada amorosa de su esposa, el esposo ve lo mejor de sí mismo; ella está reconociendo y respondiendo a un hombre de valor, de nobleza y de dulzura, la persona que él puede ser. En la personalidad femenina, él se ve arrastrado a apreciar la bondad y la virtud como antes nunca lo comprendió en lo abstracto, o nunca lo reconoció en una persona de su mismo sexo. En lo que ella necesita él comprende lo que es más importante en él: protección, valor, fortaleza, amabilidad, lo que lo hace hombre. Dándose ella a él, ella ha hecho que él entregue lo mejor de su propio ser en una forma nueva y más rica.

La mujer joven, tampoco se comprende a sí misma como mujer, hasta que ve el valor que su esposo le ha dado, hasta que experimenta la ansiedad, la pasión, la suavidad, la reverencia y el cuidado que ella puede causar en él. Se da cuenta de que posee valor y atractivo para su esposo. El la hace consciente a ella como mujer.

Los esposos que se descubren a sí mismos como personas en el matrimonio cristiano, descubren aún más. Las debilidades y las faltas son resueltas a través de la confianza, del apoyo mutuo, del valor de la comunicación y alegría, pues ambos crecen en dedicación y desinterés. Descubren lo mejor de cada uno, como fueron concebidos en la mente de Dios y elevados por el amor redentor de Cristo. Descubren la señal de Cristo en cada uno. Se quedan maravillados de que Dios les haya hecho así y de que los creó el uno para el otro.

El matrimonio es la escuela avanzada del amor por excelencia, porque éste lleva consigo circunstancias especiales, motivos y oportunidades que hacen que el amor crezca. Ahí está el misterio de la atracción sexual, de la intimidad sicológica, la seguridad de un amor comprometido y la respuesta del cónyuge; las oportunidades incontables para compartir y servir al otro y superar el miedo de quedar solos. Todos estos factores y otros más, facilitan el amor. Hacen más fácil la dura lección de morir para sí mismos, que en el proceso conyugal las parejas son poco a poco atraídas, llamadas a olvidarse de sí mismas y estar más y más absorbidos el uno en el otro hasta que descubran la verdad de que amar al otro como a sí mismo, no solamente es posible, sino enriquecedor. Después de haber experimentado este proceso en sí mismos, pueden trasmitirlo a sus niños y a todos los que los rodean.

## SACRAMENTO PARA EL MUNDO

Para actuar plenamente como sacramento, el matrimonio debe empezar con una ceremonia pública, un compromiso público. ¿Por qué? Sencillamente, porque un sacramento es un símbolo o señal; y una señal para que sea efectiva, debe ser pública. No pintas un rótulo: "No fume", y lo escondes en tu guardarropas. Un rótulo debe estar donde las personas puedan responder a su mensaje, o de otra manera no tiene valor.

La ceremonia tiene que ser también pública para que sea un compromiso completo. Jorge y Susana se declaran casados una noche en el asiento delantero del automóbil jurándose amor eterno y siguiendo la fórmula del "Yo acepto" y todo lo demás. Esto aún no es un compromiso completo, simplemente porque nadie lo sabe. Si Jorge cambiara de pensamiento en tres meses, o si el próximo mes Susana dice que Rafael le gusta más, ambos pueden salir de este "compromiso" privado. El cónyuge que quisiera herir a la otra persona puede terminar las relaciones sin ningún apuro, sin preguntas ni explicaciones, sin ninguna obligación, sin ni siquiera remordimiento.

Todo lo que ha gastado es cierta cantidad de emociones pasajeras. Esto no es matrimonio. Esto no es sacramento.

La ceremonia pública le da al sacramento su plenitud. El amor creativo de Dios que se da sin exigir compensación (porque en verdad el hombre no puede añadir o darle algo a Dios) es un misterio tan profundo, paradójico e incomprensible, que nosotros nos quedamos confundidos ante él. Cuando Cristo nos llama a participar en su amor, nos dice que seremos llamados insensatos.

Para ayudarnos a entender el amor divino, Dios nos dió otro símbolo viviente, el amor cristiano. Para los que dudan de la existencia de un amor verdadero y desinteresado, la devoción del esposo y de la esposa prueban la realidad del amor. Para los que temen que el amor desinteresado les lleva a una pérdida de autonomía o de dignidad, los esposos cristianos, por el contrario, testifican el poder transformador y engrandecedor de tal pareja. Para los que buscan el significado y la plenitud de la vida, la vida de la pareja cristiana proclama que el amor igual al de Cristo es la clave de ese significado.

## FIDELIDAD Y COMPROMISO

Aquellos que argumentan en contra de la permanencia del matrimonio dicen: "Ahora que la gente está viviendo más tiempo y la sociedad está cambiando tan rápida y radicalmente, no es justo pedirle a un joven o a una joven que se comprometan a esta institución para siempre." ¿Cómo puede uno responder? Primero, diciendo que el matrimonio no es una entrega a una institución, sino un compromiso con una persona, un proceso y una vivencia. Lo que los votos matrimoniales realmente significan es lo siguiente: "Yo te escojo a tí y te acepto como amigo, como esposo para compartir mi vida. Estamos de acuerdo para manterernos y exigirnos el uno al otro, para compartir nuestras vidas en la más íntima forma mientras tratamos de crecer y llegar a ser nosotros mismos."

El ser humano es radicalmente diferente del animal porque puede escoger y moldear su futuro. Sólo él tiene libertad. La libertad es para el ser humano un regalo tan único y exclusivo que sería correcto decir: "El ser humano es libertad." Esto es parte de su ser más íntimo.

Pero él no se entrega enteramente a otra persona hasta que entrega su única y preciosa cualidad: "su libertad." La entrega debe ser el producto de darse libre y cariñosamente a otra persona.

El ser humano es un ser limitado. Solamente tiene cierta cantidad de energía nerviosa, imaginación, atención, interés e intimidad que puede entregar. Si sinceramente se da a su esposa para vivir completamente en el corazón de ella, él ya no se puede entregar a otros de la misma forma. Ya no se posee a sí mismo. Ha hecho un regalo de su propio ser.

Pero, ¿acaso no se puede hacer cargo un hombre de su mujer y de su querida y aún tal vez de dos esposas?Sí, tal vez puede "manejar" tal situación pero únicamente dividién-dose, jugando, reservándose algo de sí mismo y renuncian-do a una entrega total en todas las cosas. La persona amada no desea simplemente ser amada, sino ser valorada, apreciada, preferida. El amado quiere tener toda la estimación, lealtad, sin reservas y ser considerado único, diferente y especial.

Cuando uno entra en una relación poniendo límites a la entrega, quedan zonas enteras del ser que no se arriesgan. En este caso, las relaciones entre las dos personas en ciertos puntos de contacto e intimidad profundas quedan blo-queadas, debido a que los esposos se ponen a la defensiva.

## DIMENSION DEL TIEMPO

En un matrimonio verdadero las identidades de los in-dividuos y sus propias obligaciones sufren una transfor-mación básica. La otra persona llega a ser parte de su propio ser, parte de su vida íntima. La participación mutua llega hasta el fondo del ser de cada pareja. Comparten las necesidades, los símbolos más profundos que afectan la per-sonalidad y así crean un vínculo único. Comparten nombre, cama, alimento, enfermedad, posición social, problemas económicos, convicciones religiosas, hijos y aun la muerte. Realmente llegan a ser físicamente uno en sumo grado. Para que el matrimonio llegue a ser un matrimonio verdadero, para que realmente ayude al crecimiento mutuo, debe estar proyectado hacia el futuro. Necesita seguridad y estabilidad.

La pareja debe confiar en la continuación del amor mutuo, de manera que ya no necesite de algunos juegos de atracción propios del noviazgo y de la luna de miel, a fin de poder seguir adelante en un nivel más profundo de vida. Deben caminar firmemente en la senda de una confianza profunda, sin vacilar por celos o ansiedad, ni tampoco dejar de conquistar al compañero día a día.

"El hecho de que Samuel no solamente me ama, sino que prueba su amor vinculándose conmigo, social, pública y legalmente me hace pensar que él realmente me quiere, que soy importante para él. Puedo descansar, seguir adelante, mostrar más de mi misma y progresar intensamente en estas relaciones."

Las parejas necesitan tiempo para examinarse mutuamente, para corregir los errores, para decir, "lo siento," para pasar muchas experiencias juntos. Necesitan dimensión del futuro para que sus planes, sueños y posibilidades puedan inspirarlos y comprometerlos. Necesitan tener el sentido de "para siempre" para poder construir su futuro en la base sólida de la amistad. ¿Puedes tú comprender a un joven amante que diga: "Susana, te necesito. Te quiero. El sol se levanta y se pone en tí. No puedo vivir sin tí. ¿Quieres ser mi esposa por un año y medio?" Esto sería grotesco. El sentimiento profundo de amor incluye: "para siempre."

## ESPIRITUALIDAD CONYUGAL

"¡Ser espiritual! ¿Quién? ¿yo? ¡Eso es absurdo! Eso es bueno para las monjas del claustro y para las mujeres."

La espiritualidad bien entendida significa responder a las inspiraciones de amor del Espíritu Santo. En el matrimonio, la espiritualidad no significa que tienes que llevar a cabo prácticas religiosas poco comunes. El matrimonio mismo, en su esencia, es una forma de espiritualidad.

La espiritualidad en el matrimonio exige una cierta ascética y disciplina, que puede ser voluntariamente escogida como en el caso de abandonar la bebida o reprimir el temperamento, o puede ser también impuesta por las circunstancias, como por ejemplo, ajustarse a un presupuesto limitado, o aceptar a familiares desagradables. Esta clase de disciplina es buena no en sí misma, sino porque nos ayuda a amar más intensamente. Quien hace lo que quiere, a la hora que quiere, que se deja guiar por cualquier impulso que llega a su imaginación, nunca puede pensar realmente en otra persona.

Hay una oración en la liturgia de la antigua ceremonia matrimonial que dice: "El amor puede soportar los sacrificios muy fácilmente y el amor perfecto puede convetirlos en felicidad." Piensa cuánto más fácil sería hacer algo, aunque sea difícil, para el joven o la joven con quien estás comprometido, que realizar lo mismo con un hermano o una hermana fastidiosos. La espiritualidad es primeramente amar y luego tener el entendimiento y la fuerza para hacer lo que el amor exige.

En el matrimonio la espiritualidad también significa que tomes tiempo y trabajo en pensar lo que significa la dimensión cristiana en tu vida.

Tal vez ya lo haces ocasionalmente asistiendo a liturgias especiales que realmente dejan en tí un mensaje. Tal vez lo haces en discusiones con tus amigos, tal vez en reuniones familiares, por ejemplo, por las fiestas de Navidad, Año Nuevo, etc., o también a través de otras fiestas religiosas del año. Tal vez lo haces dedicando algunos dólares para la subscripción a alguna revista que valga la pena y que hable acerca de la Iglesia y de los acontecimientos en el mundo, o comprando periódicos que te mantienen al corriente de los cambios que están ocurriendo en materia religiosa. Si la dimensión cristiana ha de mantenerse viva y tener algún significado, éste debe ser alimentado y fomentado. No es suficiente lo que aprendiste cuando eras niño.

## MAS ALLA DEL MATRIMONIO

La espiritualidad conyugal quiere decir interesarse en las cosas más allá de la familia. El hogar no es suficiente. El matrimonio no es la respuesta total para las necesidades de un hombre maduro o una mujer madura. La pareja que suele decir: "Ya estamos casados,nuestras vidas están arregladas. Todo lo que necesitamos es el uno del otro; nuestra vida es de la casa al trabajo y del trabajo a la casa." Esta pareja está equivocada. El matrimonio no logra la satisfacción completa de las necesidades emocionales y espirituales del ser humano.

El matrimonio es un medio excelente para vivir la vida cristiana y aprender la lección del amor. Pero el matrimonio no es un fin. Al contrario, es una senda por la cual los esposos andan juntos para servir mejor en la profesión, en el vecindario, en la comunidad, en el mundo. La familia es una comunidad cuyo núcleo de amor debe consolar, inspirar y servir a todo el mundo.

## TEMAS DE DISCUSION

¿Qué significa la espiritualidad en el matrimonio? ¿Cómo es un signo de la presencia de Dios, de amor en el mundo? ¿Qué enseñará tu matrimonio al mundo? ¿Cómo lo llevarás a cabo?

# ¿A QUE SE PARECE EL AMOR?

Un poeta inglés dijo: "El hombre no es una isla." Nadie puede existir solo. Un solitario se siente ansioso y temeroso, porque no hay nada ni nadie que le haga sentirse bueno, deseable, apreciado. No hay nadie que le haga ver qué es un ser viviente. La vida de aislamiento es inhumana.

## AMOR Y SOLEDAD

El ser humano busca con toda el alma salir de la soledad perdiéndose en la muchedumbre o pretendiendo pertenecer a ella; es decir, conformándose y siendo como los demás. Algunas veces, busca realizarse en una actividad febril que consume su tiempo; otras veces, prueba la promiscuidad sexual, esperando que la herida de la soledad de su espíritu se cure con los encuentros pasajeros.

Para superar la soledad, el ser humano tiene que "darse y ser para los otros," "estar con los otros," no contentándose solamente con tenerlos físicamente cerca de él. Necesita estar metido en la sicología, los sentimientos, los intereses, los sufrimientos, las alegrías y aun en las agonías de los otros.

Ser humano significa buscar la realización total de su vida. Ser humano es anhelar en su plenitud el fin último de la vida: la meta final, de acuerdo con el lema de San Agustín que dice, "Nuestros corazones están sedientos, Señor, y no hallarán paz hasta que descansen en ti."

Ser humano es también tender a ser totalmente conocido y amado. Es crecer en las relaciones de amistad por las que nos sentimos comprendidos, deseados, apreciados, queridos y seguros. La vida es una comunión con otras personas, por medio de la cual, nuestras vidas se entrelazan con las de los demás en un profundo nivel de crecimiento, logrando así salir de nuestra soledad.

## ¿QUE ES EL AMOR?

El amor es la extensión de nuestra personalidad. El nos incita a preocuparnos de los problemas de los demás. El amor es nuestra personalidad desenmascarada. El amor es siempre ser confiado, siempre darse y abrirse a la persona amada.

"Tu mirada ligera fácilmente me descubre,
Aunque me he cerrado como los dedos,
Tú siempre me abres pétalo por pétalo,
Como la primavera abre su primera rosa."

El amor es dirigir nuestra atención, no a nosotros mismos, sino a los demás.

"¿Amas al otro como a tí mismo?
¿Cómo lo puedes hacer?
Tratando de comportarte con los demás como lo hacen contigo. Nunca dejas de pensar bien de tí.
Cuando haces una tontería, siempre buscas una excusa.
En cualquier problema o situación que ves venir, tu primera consideración es siempre, ¿cómo me afectará a mi?

Pues bien, amar es decirse a sí mismo:
Desde ahora en adelante ella (él) va a empezar
a gozar de este trato especial también.
El amor es el don de sí mismo."

## AMAR Y DARSE

Es mejor dar que recibir. ¿Por qué? ¿Es porque el dar cuesta y me hace sentir generoso? Esa no es la razón verdadera. Sino que el darse a sí mismo en el amor es la más alta expresión de la personalidad. Me doy cuenta de que yo soy algo, de que puedo ofrecer algo: ya sea mi tiempo, ya sea mi consejo, ya sea mis lágrimas, ya sea mis buenas palabras, ya sea mi abrazo, todo lo cual es verdaderamente valioso porque la otra persona lo necesita y lo desea. Me convierto en un don amoroso cuando soy aceptado; las escamas se caen de mis ojos y reconozco que soy plenamente apreciado, valioso y bueno.

El que ama se enriquece al dar. Cuando da pruebas de constante cuidado y cariño, aumenta el sentimiento de la dignidad y del valor personal de la otra persona. Cuando las personas se aman de esa manera se descubren a sí mismas nuevamente; porque el amor es ciego y tolera las debilidades y defectos del otro; ilumina y activa las cualidades mejores de cada uno. Lógicamente los que aman experimentan una sensación de vitalidad y comparten una nueva existencia creada por ellos mismos.

"Te amo
no sólo por tí misma
sino por lo que yo soy cuando estoy contigo.

Te amo,
porque acaricias mi corazón henchido,
y porque perdonas
todas mis debilidades,
aunque éstas sean grandes,
y porque sacas a la luz

todas mis buenas cualidades,
las que nadie ha tenido
la paciencia de buscar."

## EL AMOR CREA AL AMADO

Juan percibe lo que Susana quiere que él sea, lo que ella cree que él es, y por supuesto lo que él puede ser. El se atreve a cambiar y a transformarse en su yo ideal debido a la seguridad, a la inspiración y al estímulo del amor de Susana. Aunque tenga miedo, se vuelve más atrevido para sacar valor para arriesgarse. Pone en juego toda su energía con el fin de aprovechar plenamente los talentos que posee. En definitiva, crece y se transforma al perseguir la idea que ella tiene de él.

La joven esposa que trae consigo al matrimonio su energía, su debilidad y sus ideales, es creada en los brazos robustos y cariñosos del esposo. Ella se dice a sí misma: "A pesar de que él me conoce profundamente y que ha visto mis defectos y mi egoísmo todavía me desea como esposa. Por lo tanto, yo valgo a pesar de mis defectos. Soy querida, soy deseada y soy buena. Ahora puedo empezar a quitarme la máscara y demás defensas. Ya no las necesito. Ahora puedo ser yo misma."

El amor matrimonial hace más visible lo mejor y lo más bello de ambas personalidades.

"Amar a una persona significa sacarla del letargo
en que se encuentra.
Significa despertar en ella el ser que yace escondido y que aparece al oír tu voz.
Ese ser que ni siquiera conocía lo que llevaba
dentro;
ese nuevo ser tan real que no puede menos de ser
reconocido.
Todo amor incluye paternidad y maternidad.
Amar a alguien es crearle de nuevo, darle vida,
invitarle a crecer."

## OTRA DEFINICION

"Amar es ver, desear y llevar a cabo el bien de la persona amada." Ni el Pato Pascual ni el Pájaro Loco pueden amar de verdad, porque no pueden ver lo que es bueno para el otro fuera de lo que les dicta el instinto. El amor conyugal nos invita a comprender lo que es necesario para el crecimiento, desarrollo y bienestar del otro.

La norma del verdadero amor matrimonial no consiste en lo que yo deseo, ni tampoco en lo que el otro desea, sino más bien en lo que necesita el otro para realizarse plenamente como ser humano.

EJEMPLO A: Pedro García, programador de computadoras, tiene 31 años de edad. En seis años de matrimonio ha dado a su esposa una casa de campo, un coche propio, un abrigo de pieles y dos viajes al extranjero. Pero nunca le ha dado su tiempo, sus pensamientos, sus preocupaciones. Su carrera era lo más valioso para él. La amaba a su manera y no de acuerdo con lo que ella necesitaba. Resultado: separación.

EJEMPLO B: Margarita tiene 27 años. Su esposo bebe cada día más, según él, porque "le ayuda a descansar, porque está muy nervioso, porque sabe hasta dónde puede llegar en la bebida." En el lapso de 7 meses ella vió a su esposo convertirse en un alcohólico sin nunca haberle llamado la atención. La norma de su amor fué lo que su esposo deseaba; a saber, que lo dejasen tranquilo; y no lo que él necesitaba: ayuda, aunque esto les hubiese costado lágrimas a los dos.

## EL AMOR ES VOLUNTAD

La voluntad, y no las emociones, es la piedra de toque del amor, ya que incluso se puede amar sin emociones. El pordiosero que toca a la puerta puede ser repulsivo y aún inspirar temor. No despierta en nosotros ningún sentimiento positivo. Pero si le damos pan y dinero y somos amables con él ha recibido de nosotros amor.

Sentimientos calurosos y afecto profundo son propios del matrimonio; pero es normal que existan dificultades. Pablo a veces es descuidado y aun cruel. Alicia puede volverse fría y desdeñosa. En estos casos, cuando los sentimientos están heridos y se deja vislumbrar cierta hostilidad, es cuando el amor profundo debe imponerse. Reflexiona en el principio siguiente: "Tengo el deber de descubrir, desear y buscar el bien de la otra persona, aunque en este momento me sea antipática." Esto exige una fuerte y madura personalidad. La palabra latina para fortaleza es "virtus." Los mejores matrimonios están formados por gente virtuosa, por quienes han practicado la generosidad, la amabilidad, la valentía, la paciencia, la sinceridad, etc.

¿Qué tiene que ver la virtud con el amor? Veamos. Así como la luz que atraviesa un prisma se descompone en los colores del arco iris, así el amor al encontrar las situaciones concretas de la vida (una esposa celosa, un marido cansado, una suegra irritante, un vecino necesitado) se convierte en la comprensión, compasión, etc., que llamamos virtudes.

## LA FORTALEZA INTERIOR

Tanto el hombre como la mujer que han sido educados en un ambiente de competencia y orgullo no pueden simplemente interesarse el uno por el otro sin más ni más. Realmente se necesita una sólida humildad para admirar al otro, para alabarlo, apreciarlo y ser cortés con él o con ella:

Dice el Padre Capon con mucha intuición:

"Mientras dura el amor romántico, la humildad no tiene dificultad, pero al desvanecerse las primeras ilusiones y al descubrir la rutina del misterio de la biología, se necesita virtud para mantener la unión."

Todo esto es evidente, pero necesita repetirse, pues todo candidato al matrimonio es como todos los demás, un pecador y, como tal, está en camino de perderse y perder a quién está a su lado.

Ningún matrimonio puede sobrevivir si no existe virtud. El matrimonio se hace a base de sinceridad, paciencia, amor, generosidad, prudencia, justicia, fortaleza y templanza; como también a base de buenos modales, consideración, palabras amables y capacidad de mantener la boca cerrada y el corazón abierto, según convenga.

## AMARSE A SI MISMO

"Para amar a tu compañero debes ante todo amarte a ti mismo." Un buen matrimonio se forma por dos personas suficientemente estables y maduras que se respetan y aceptan el uno al otro; dos personas que saben y conocen que tienen la fortaleza interior y dones suficientes para entregarse mutuamente. Idealmente hablando, el mejor candidato sería el que no tiene necesidad sicológica alguna de casarse, sino que se basta a sí mismo, de modo que es capaz de triunfar por sí mismo en la vida.

El peor candidato sería el que dice: "Yo no soy nadie sin tí, yo no puedo vivir sin tí." Si lo que él quiere decir es "Te quiero mucho," "Te necesito para ser mi mejor yo" entonces está bien. Pero si quiere decir: "No tengo recursos interiores fuera de tí; por consiguiente, tú tienes que llenar los flacos de mi personalidad y compensar los fallos del amor de mi madre," entonces en este caso él o ella van a contraer matrimonio con un parásito incapaz de vivir por sí mismo.

El que es siempre temeroso, desconfiado o que se siente culpable, el insatisfecho consigo mismo no puede amar porque no puede dejar de pensar en sí mismo. Esta pesona no ha terminado la tarea de madurar, que no consiste sino en descubrir su propia identidad y en construir su fuerza interior. El que se preocupa demasiado de sí mismo, es que se siente descontento consigo mismo. Tal podría ser el caso de una chica que se diera cuenta de que su vestido era completamente inadecuado para una fiesta. Se sentiría incómoda, fuera de lugar y no llegaría a disfrutar de la fiesta.

## EL AMOR ES UN RIESGO

Al confiarnos a otra persona corremos el riesgo de ser heridos. Como dicen los sicólogos: Los amigos íntimos a quienes más queremos son los que más nos pueden herir. Las personas que más estimamos y apreciamos son las que pueden herirnos más hondamente. A veces nos dan las espaldas. Tal puede ser el caso de un padre, madre, esposo, esposa, hijo, o amigo íntimo que se vuelven en contra de los suyos.

Cuando una de estas personas se comporta hostilmente, con sus críticas o sus desprecios ofende profundamente a nuestro yo. Esto se debe, en primer lugar, a que nos vemos reflejados en esa persona; contamos con su apoyo ya que nos inspira gran confianza. En segundo lugar, tal comportamiento negativo es inesperado, viniendo de quien es como otro yo, por lo que causa un fuerte impacto y nos amenaza de cerca. En tercer lugar, una persona, íntima, sobre todo tratándose del esposo o esposa, nos conoce tan bien que cuando hace una crítica va directamente a la raíz y nos deja indefensos, sin poder argüir: "Hablas sin saber."

En el matrimonio todos los días vemos a la otra persona más y más como es, sin disfraz. Poco a poco, se corre el velo y se empiezan a revelar los temores, debilidades y faltas, lo cual es en sí bueno. Porque Tomás puede decir con verdad: "María me conoce tal como soy, a veces descuidado, a veces ocioso, en ocasiones cobarde y, a pesar de todo, todavía me quiere."

Esto es una experiencia liberadora porque él ya no tiene que perder sus energías en ocultar sus faltas o fingiendo. Esta revelación mutua es, sin embargo, arriesgada, porque al descubrir las debilidades propias, uno se pone en manos del otro. Tomás sabe cuál es el lado flaco de su esposa para cuando se disguste con ella. Ej: Tomás puede decir cuando se enfada con ella: "Tú sabes que estoy de acuerdo contigo; y también sabes que eres un poco celosa e insegura." Y lo mismo sucede con la esposa. Ej: Ella puede decir: "¿Cuándo vas a aprender español de modo que no me avergüence cuando, hablas?"

Este tipo de reacción puede ser a veces dañino y algunas veces hasta mortal. Cuando tu compañero te muestre poco a poco sus debilidades y temores, tú debes marcar en tu mente "frágil" y trata esos asuntos con toda delicadeza aun cuando seas provocado, de lo contrario puedes comenzar una guerra devastadora.

En ocasiones, uno herirá al otro; pero una de las grandes perspectivas del matrimonio es que abre la puerta al amor. Existe el mañana que puede ser el de la reconciliación y el momento de curar las heridas. El amor joven es un salto lleno de fe. Toma el riesgo, salta valientemente y no mires atrás. Dale a la otra persona confianza, lealtad y fidelidad.

## EL AMOR ES RESPETUOSO

Respeto viene de dos palabras latinas: "Re" que significa "de nuevo," (como por ejemplo, retorno o rehacer), y "spicere," "mirar." Por consiguiente, respeto significa mirar de nuevo, ver más profundamente, ver con la mente y con el corazón; reconocer y apreciar al conyuge en su propia persona, en su propia dignidad, en su propia y única participación de lo que es común al ser humano.

Se debe respetar en el otro la cualidad de ser como es y no tratar de moldearlo o manipularlo al gusto de uno. No nos atrevamos a poner nuestra limitada visión de lo que la otra persona debe ser por encima del plan de Dios o del fin al que le tiene destinado.

Respeto significa que Tomás ayudará, no solamente permitirá, a su esposa a crecer y a desenvolverse según su propia manera de ser, aunque nada más sea alentándola a escribir, a tejer, a estudiar o a hacer cualquier otra cosa, aun a costa de que esto les quite tiempo para estar juntos. Respeto significa que Juanita ayudará a poner las cualidades de su esposo al servicio de la Comunidad a pesar de que ella preferiría que nada ni nadie lo apartara de ella. Respeto significa no esperar que la esposa cocine o recoja la ropa del suelo como solía hacer su propia mamá. "Fíjate bien, ella no es tu mamá." Respeto significa no esperar que el esposo te trate como a una niña y que te mime a todas horas, pues él no es tu papá.

Respeto significa asombrarse ante el misterio de esta "persona" que ha sido puesta a tu cuidado.

## LO CONTRARIO DEL AMOR

"Lo contrario del amor no es el odio, sino la indiferencia."

"Lo contrario del amor no es el odio, sino la indiferencia."

La repetición anterior no es un error de imprenta, sino que está hecha a propósito. José dice: "No quisiera nunca herir a María." María dice: "Yo no podría nunca odiar a José" Ambos dicen la verdad. Incluso, después de divorciarse, la mayoría de las parejas no quieren herirse, pues han compartido juntos algunos años. En cierto sentido, les dolería herir al otro, pero en realidad no les importa cómo puede sentirse el otro; han llegado a la indiferencia y quieren separarse lo antes posible.

El amor en el matrimonio no muere repentinamente sino paulatinamente. Es un proceso de erosión lenta, de aburrimiento, de no dar importancia al otro, de negligencia, de no querer prestar nuestro tiempo, nuestra atención o nuestro pensamiento al otro.

Lo primero que muere es el entusiasmo, luego la preocupación por el otro; y así tenemos dos personas vagando perdidas en la cáscara de un matrimonio vacío. Es fácil ver que de pronto algo o alguien empieza a parecernos mejor o más atractivo; entonces es cuando se acerca el fin.

## COMO EVITARLO

¡No mates la llama! ¡Sigue creciendo como persona! Sigue ofreciendo a tu matrimonio el regalo de nuevas ideas y descubrimientos, de los sentimientos más profundos, del entusiasmo, de la sonrisa, en fin, de nuevos intereses.

Amor es acción no pasión;
Su esencia es trabajar por alguien,
Hacer que alguien crezca.
Amar a una persona creativamente, implica cuidar y sentirse responsable del desarrollo de todas sus cualidades humanas.

## TEMAS DE DISCUSION

Si la fuerza del verdadero amor puede ser detenida ¿cúales son los obstáculos que pueden impedir que el amor se desarrolle plenamente?

¿Cuáles son los pasos concretos que tú planeas dar con el fin de que la falta de comprensión no enfríe el fervor inicial del amor en tu matrimonio?

# CONSTRUYENDO UNA AMISTAD

A varios centenares de estudiantes se les dió un pedazo de papel sin color y se les pidió que lo masticaran y que identificaran el sabor. Más del 40% dijeron que era amargo, 30% que era dulce y por último 20% que era agrio. Menos del 10% dio la respuesta correcta. El papel no tenía sabor. ¿De dónde sacaron el 90% la sensación de sabor? Evidentemente, de su imaginación, de sus expectaciones y experiencias. Este es un ejemplo típico de como nosotros construímos la realidad, con el fin de que esté conforme a nuestro punto de vista.

## VERLO DESDE MI PUNTO DE VISTA

Todo lo vemos por el lente de nuestra mentalidad y de nuestras expectaciones. Cada uno vive en un mundo personal, privado, que lleva consigo y que se llama realidad. Interpretamos los acontecimientos, las ideas e incluso las personas, de tal modo, que coincidan con nuestros puntos de vista, con nuestra manera de pensar y de sentir.

El matrimonio es el encuentro de dos mundos privados. Estos mundos pueden chocar en un encuentro que quiebre a ambos. Puede ser que estén en órbita o que den vueltas el uno alrededor del otro por el lapso de 40 años sin que nunca lleguen a un contacto íntimo. O también puede ser que lentamente lleguen a mezclarse y a unirse en un mundo mucho más rico que el de cada uno de ellos podría ser por sí solo.

## LA INFLUENCIA DEL PASADO

Tú y tu novio han sido formados durante un período de 20 años de experiencia. Familia, amigos, clase social, vida de trabajo, educación, medios de comunicación, todo ésto ha contribuído al desarrollo y a la formación de cada uno de Uds. de una manera muy especial. Sus personalidades tienen diversos lados: fuertes o débiles, diferentes niveles de confianza en sí mismos, diferentes sistemas de defensa. Además, existen diferencias en sus preferencias, convicciones y prejuicios. En sus métodos y maneras de aprender, de tomar decisiones y de resolver problemas. Sus estilos puede ser que difieran también.

El peor error que puedes cometer en una relación matrimonial es suponer que tu compañero es un espejo exacto de tus actitudes, ideas, reacciones y de tu manera de comportarte. ¡El no lo es! ¡Ella no lo es!

## SUSANA Y JORGE

El padre de Susana es un poco gordo, bebe demasiado, pero, por otra parte, es siempre amable, afectuoso, generoso y alegre. Canta con sus hijos, abraza y aprieta a su esposa incluso cuando sus hijos están presentes y está listo a socorrer a todos los que necesitan ayuda. El padre de Jorge, al contrario, es taciturno, estricto y no expresa sus sentimientos. No interviene en los problemas de nadie y para él los niños deben conformarse con sus deseos o, de lo contrario, irse. Es posible que Jorge y Susana tengan opiniones diferentes acerca de lo que el esposo y el padre debe ser. Si no comprenden las mentalidades y los deseos de ambos se crearán problemas y mal entendidos.

44

Hay otras cien situaciones similares. Susana no ha tenido suficientes oportunidades para contactos sociales. Es tímida y se siente amenazada por la gente. En cambio, Jorge ha sido siempre un extrovertido jovial desde chico. Otra posibilidad. Jorge cree, que el desayuno es la comida más importante del día y que, por consiguiente, debe ser grande y sustanciosa. Al contrario, Susana apenas es capaz de tomar un jugo de naranja o un pedazo de pan a medio día. . . . ¿Ves las posibilidades?

## EMPEZAR A ENTREMEZCLARSE

¿Serán muchas de estas diferencias resueltas durante el noviazgo? Sí y no. El noviazgo es el comienzo de un proceso de unión. Uds. descubrieron y respondieron a las cualidades de cada uno y las encontraron atractivas: la alegría, la risa, y el don de gentes de ella; o, al contrario, la seriedad y la imaginación tan fantástica de él.

Descubrieron que tenían muchos intereses en común y que los mismos asuntos les causaban indignación. A medida que el tiempo pasaba, hablaban acerca del futuro, comparaban experiencias, sueños, metas de vida y llegaron a la conclusión que uno era apto para el otro. Cuando la relación se hizo má seria, trataron de conocer la actitud de cada uno acerca del matrimonio, dinero, cuidado de los hijos, estilos de vida y encontraron muchos campos de mutuo acuerdo. Suficientes para decir: "Vamos a casarnos."

Este proceso de unión que comenzó durante el noviazgo, ¿continuará o no? Lógicamente, esperamos que sí; pero ciertamente que habrá problemas. Hay verdad en el dicho antiguo que dice: "No se conoce a la persona, sino hasta cuando se vive con ella."

## LIMITACIONES DEL NOVIAZGO

Durante el tiempo del noviazgo sólo contaban con un limitado campo de oportunidades para ver a su novio en situaciones de vida típicas, para descubrir las actitudes que ellos mostrarían en momentos de verdadera tensión, crisis, aburrimiento o conflictos. Es posible que no se les haya presentado la ocasión de conocerse tal como son y de ver algunas diferencias muy arraigadas en temperamento, en el carácter de él cuando está cansado o enojado, en la tendencia de ella a perder el ánimo o simplemente retirarse cuando la vida se vuelve complicada.

En el período del noviazgo ambos quieren mostrar su buena conducta, como en el caso de los vendedores que tratan de impresionar a un cliente nuevo. Ocultan sus flaquezas y faltas y proyectan, a su vez, su mejor y más admirable imagen.

Repito otra vez, un amor nuevo con el descubrimiento de que uno es amado, necesitado, con la alegría que nace de la proximidad y con la promesa de la satisfacción sexual, tiende un velo a los enamorados sobre las áreas del problema. Les conduce a disimular, olvidar cualquier cualidad negativa y a mirar en el otro sólo lo bueno: "Ella es la única muchacha en el mundo;" o, "él es único entre millones."

Con el matrimonio tu compañero es, o debería ser el factor más importante, siempre presente en tu vida. Preguntas como: "¿Qué pensará ella acerca de eso? ¿Aprobaría él eso?" Se vuelven parte integrante de tu manera de ser y pensar. Este es uno de los mayores cambios que se experimentan.

Antes del matrimonio podías actuar y portarte según tu gusto, comprar el vestido para el coctel, apostar a los caballos, cambiar de trabajo, decirle cuatro verdades al jefe, permitir que el carro se mantenga sucio, dormir todo el fin de semana o gastar todos los ahorros en una vacación que, en realidad, no se debía tener. Si alguna situación se hacía difícil, simplemente se podía dejarla. Despúes de la boda nunca tendrán plena libertad. Este es el otro lado de la medalla.

## LA CLAVE DEL ASUNTO

Adaptación es la clave para solucionar el problema. Literalmente signifíca ir hacia lo que es apto para los dos, es un unirse, un acomodarse, un mezclarse de dos personalidades en todos los niveles, en todos los campos, desde el compartir de las emociones más profundas y de los sueños, hasta el de los pormenores más prácticos de sostener una vida familiar plenamente satisfactoria, pero siempre juntos.

La adaptación es un juego que requiere dos jugadores. La anédocta de la novia dominante que cuando salió de la iglesia dijo: "Ahora, que los dos hemos llegado a ser uno, déjame decirte quien es ese uno," es una caricatura triste de los que la adaptación significa.

Adaptación no es sumisión, no significa solamente un arreglo de vida que viene a ser a lo mejor tolerable, soportable, es decir, adaptación mutua en forma de una guerra fría. Adaptación es un proceso creativo. Significa la voluntad plena de reconocer, aceptar y promover el potencial único de su conyuge.

## COMUNION DE PERSONALIDADES

Adaptación es la interacción diaria y contínua de dos personas enamoradas, que tratan de acoplar sus diferentes personalidades. Su matrimonio es un mosaico complejo de un gran potencial que Uds. crean pedazo por pedazo, experiencia por experiencia, decisión por decisión, es decir, al hacerle frente juntos a las experiencias íntimas, dramáticas y diarias de la vida.

Nótese que aquí estamos hablando de la personalidad que cae bien y del acuerdo mutuo, no de bueno o malo o de mejor o peor. Si Jorge cree que su esposa nunca debe usar su primer nombre o tomar la palabra sin ser antes interpelada, o tomar ninguna decisión; y si Susana cree exactamente la misma cosa, entonces lógicamente prodrían tener el mismo grado de conveniencia y compatibilidad. Puede ser que se encuentren felices; sin embargo, si un sicólogo tuviera la oportunidad de conocerles, diría que Jorge es un dictador y Susana una persona sin criterio.

Con frecuencia se oye la expresión siguiente: "Yo no sé lo que ella pudo ver en él" (o al revés). Es una prueba evidente que las relaciones matrimoniales son únicas y personales, dado que las mismas cualidades que atraen a Susana hacia Jorge pueden ser, en apariencia, incomprensibles o inadvertidas, negativas o repulsivas a otras personas.

## EL PROCESO

La adaptación matrimonial es un proceso muto, continuo, creativo, de negociaciones sicológicas (con amor y respeto) con el fin de construir una relación que satisfaga plenamente los deseos de las parejas (como individuos y como compañeros). Es el proceso donde encuentran y constructivamente responden a los desafíos y decisiones de llevar una vida en común.

¿A qué se parecen estas negociaciones sicológicas y cómo son llevadas a cabo? Quizá el proceso se pueda ver mucho mejor dentro del campo de las decisiones.

La pregunta será: ¿Cuán íntima será la amistad que mantendremos con nuestros familiares políticos?

A) Primero, consideremos el problema real al que nos hemos comprometido:

—A nuestros padres les gustaría que estuviéramos cerca de ellos y que los visitáramos frecuentemente.

—Nosotros deseamos mantener contacto. Guardamos sentimientos positivos hacia nuestros familiares.

—No queremos caer en la trampa de formar un horario de las visitas que ellos desean que mantengamos por un lapso de 30 años.

B) Analiza, cómo tú realmente te sientes y qué piensas acerca de estos problemas.

EL: Yo realmente no tengo nada en contra de ir a la casa de los padres de ella. La comida es buena, pero desgraciadamente después de pocas horas me aburro; o,

Como yo no tengo familia, me parece bueno y conveniente ser parte de la familia de ella; o,

Yo no tengo familia, de tal manera, que si condesciendo en éso, evidentemente, que ella me debe algo.

ELLA: Su familia es buena, pero la madre de él se vuelve tan personal y tan criticona que hace que me disguste. Parece que él no lo nota o que no trata de defenderme; o,

Empleamos todo nuestro tiempo con nuestros familiares, de manera que casi no contamos con tiempo para el círculo de nuestro amigos.

C) Compartir sus sentimientos lo mejor posible.

— Trata de decir a tu novio tus problemas, miedos y preferencias.

D) ¿Cómo conformas tus decisiones con tus metas básicas de vida?

— Nosotros respetamos a nuestros padres y está bien que mantengamos las relaciones con ellos. Además, ellos nos regalan dinero y lo agradecemos. Por supesto, los niños necesitan de sus abuelos; o;

— La mamá de Tomás es muy posesiva y él necesita y debe liberarse de ella, porque el estar atado le impide que obre y actúe con madurez.

E) Considera quién de los dos tiene que perder o ganar en la decision.

—Susana es la hija única de un padre que la mima demasiado. Jorge es uno de entre 9 hijos.

F) ¿Quién de los dos será afectado por la decisión? ¿Quién sufrirá las consecuencias?

—Los dos; pero Susana tendrá muchas más llamadas telefónicas de la mamá si ella no la visita regularmente.

G) Cómo resolverán sus amigos, parientes y otras personas ése mismo problema? La solución o determinación de ellos ¿les dice algo a Uds.?

Después de haber considerado y reflexionado acerca de estos factores traten de sacar algunas conclusiones y fijar algunas fórmulas en las cuales los dos estén de acuerdo. Por ejemplo:

—Trataremos de mantener flexible nuestro horario de visitas.

—Ocasionalmente, haremos algo con nuestros padres y no nos contentaremos con sentarnos alrededor de ellos en busca de conversación.

—Los visitaremos más frecuentemente o menos frecuentemente.

—No nos comprometeremos en este campo sin antes ponernos de acuerdo.

Téngase en cuenta que en la adaptación, la decisión a que se llega no es tan importante como el método que utilicen. Cuanto más profunda, lógica y democráticamente analicen y discutan el asunto de común acuerdo, tantas más soluciones constructivas se presentarán. Podrían vivir con las conclusiones, porque han participado en las decisiones y han previsto las consecuencias.

¿Hay personas que se someten a un ejercicio como éste? Sí, porque muchos de los factores descritos aquí consciente o inconscientemente son parte de todo proceso de tomar decisiones. Pero hacer estos factores más explícitos, empleando mas tiempo en analizar los sentimientos y comunicándolos a cada uno de Uds, son habilidades que muchas parejas deben tratar de desarrollar.

## NEGRO Y BLANCO

¿Pero qué sucede si existe un desacuerdo básico? El quiere cambiar de trabajo y esto quiere decir cambiar de ciudad. Ella realmente no desea mudarse.

En ésta ocasión, trata de obtener información exacta.

—Considera todos los factores y sentimientos honesta y plenamente.

—Usa siempre la norma del bien presente y futuro de los dos y de la familia.

—Trata de elaborar maneras constructivas, capaces de enfrentarse con los obstáculos y problemas.

Si después de la discusión las cosas salen igual, entonces la consideración de quién tiene más que perder, él en su carrera, o ella al tener que dejar su ambiente familiar, deberá guiar la decisión.

Como no es posible tener mayoría de votos con sólo dos votos, uno tiene que ceder, acercándose al otro, y decir: "Bueno, vamos a arriesgarlo el todo por el todo," o mejor dicho, "por ahora, olvidemos todo."

Hay tres consideraciones especiales cuando llega el momento de la verdad. Una es la tentación de plantarse y no moverse. Quizá Susana se diga así misma: "Los argumentos, las razones de él cada vez resultan más loables, pero, si yo simplemente sigo diciendo que no, estoy segura que se rendirá." ¡Error! Si una opinión empieza a verse superior, entonces acéptala. Recuerda siempre que el objetivo principal del diálogo es la decisión sabia y la adaptación mutua y no la victoria. Donde hay un vencedor, hay un vencido y con el correr del tiempo los vencidos se vuelven amargados.

Segundo, el que hace el compromiso que lo haga de todo corazón y lo más entusiastamente posible. Uds. son un equipo. Una vez que el juego ha empezado los dos deben ver que progrese y no quedarse a la distancia esperando la ocasión para gritar: "Te lo había advertido."

Finalmente, aquél cuyo punto de vista prevaleció debe ser solícito, soportar al otro y estar listo a prestarle toda ayuda en los diferentes campos de problemas que le causan ansiedad.

## CUIDADOS

1) Evita llegar a una decisión final por parte tuya y tratar de manipular a tu compañero para que la acepte. Se requiere verdadero diálogo para que yo esté dispuesto a cambiar mi punto de vista.

2) Trata de no pensar en términos de quién tiene razón o quién no la tiene. Muchas personas piensan que si están enamoradas, las decisiones serán más fáciles. Realmente que no es así. Por el trabajo de llegar a decisiones mutuas el amor crece más y más.

## EL BUEN ADAPTADOR

Existen muchas cualidades claves que ayudan eficazmente a las personas en el proceso de adaptación.

La primera es autonomía. Significa una integridad en la personalidad, y una independencia de espíritu. Incluye además el conocimiento de quién eres tú, qué quieres y necesitas para alcanzar la felicidad y la capacidad de perseguirla. La persona autónoma tiene la facilidad y la valentía de dialogar. Conoce lo que está haciendo, tiene mucha confianza en sí mismo para no sentirse amenazado por conformarse a ciertas cosas por razones buenas, aunque no sean las suyas.

Tal persona tiene tanta confianza en sí misma que puede ser tierna, paciente, amable sin temer ser llamada débil.

También conoce cuándo no debe ceder. No hará un trato como el siguiente: "Tú no quieres que vea a mi familia, está bien, así será, nunca más iremos allá." El compañero se da cuenta que un resentimiento reprimido en tal situación podría causar una venganza más tarde. Por lo tanto, no aceptará una oferta que posiblemente podría volverse en contra de los dos. Tal persona está dispuesta a luchar y a sufrir en busca de una solución más constructiva y sólida.

Otra cualidad es la capacidad de sentir lo que el otro está sintiendo, de interpretar el modo de ser del otro, la sensibilidad del otro, siendo compasivo o teniendo buenas "antenas."

Una esposa que puede reconocer lo que su esposo siente acerca del vecino, de aquellos gastos, de aquella visita, de aquel plan, puede responder más realística y constructivamente. Si puede aceptar los sentimientos más sutiles como: confusión, ansiedad, incomodidad, entonces podrá adaptarse de una manera más precisa a los diferentes puntos de vista y estados de ánimo. Además, si ella es capaz de discernir la intensidad de sus sentimientos, ya sean de entusiasmo u oposición, ante algún proyecto en el cual no están de acuerdo, entonces, ella entenderá la necesidad de proceder cuidadosamente. Nada puede ocasionar más resentimiento que una oposición directa, o falta de apoyo para mantener la posición tomada por el consorte.

Esta cualidad puede mejorarse por la práctica, tomando en cuenta las claves, o tratando seriamente de comprender los sentimientos del otro, o preguntando cómo se siente el otro. Es necesario estudiar la manera de portarse del compañero.

Además se necesita creatividad. La persona creativa es la que está convencida de que hay más de una manera de hacer las cosas y está siempre dispuesta a buscarla. Tiene imaginación, puede fácilmente ver otras opciones y posibilidades, puede substituir una solución por otra, puede evitar obstáculos y buscar alternativas. No pierde la cabeza cuando llegan algunos huéspedes extras, o cuando de pronto hay que cambiar de planes o mucho menos cuando su esposo está deprimido. Podría llamar a sus compadres para que vengan a jugar dominó y quejarse de sus trabajos, en vez de que ella misma busque la manera de consolarlo.

La persona creativa está abierta a nuevos horizontes, nuevas ideas, es estimulada, más bien que deprimida, por cualquier reto y no tiene ningún complejo con las famosas últimas 8 palabras: "Nunca lo hemos hecho antes de esa manera."

Hay ciertas áreas en el matrimonio, desde las más triviales hasta las de suma importancia, que requieren adaptación y decisión. Aquí incluímos algunas en las que tal vez Uds. no han pensado o que pueden simplemente servir de puntos de discusión.

## TRANQUILIDAD

Tú raramente te encontrarás sola en el hogar. Sin embargo, necesitas tener tiempo libre para ti misma, con el fin de reflexionar y pensar. ¿Cómo decir ésto a tu compañero sin que parezca que lo estás rechazando?

## DIFERENCIAS EN EL DESARROLLO DE LA MADUREZ

El está metido en el mundo aceptando responsabilidades, aprendiendo nuevas cosas, conociendo más gente, viendo un mundo más amplio. Ella es la misma niña dulce con quien el se casó, todavía deletreando las palabras en las novelas. O al contrario, él no ha crecido más que de barriga desde el día de las bodas, es un blando, blando, blando; mientras ella, lee muchos libros de actualidad y se interesa en todo movimiento para hacer un mundo mejor. El crecimiento desigual puede separarlos a los dos.

## CELEBRACION

Para ella, todo debe hacerse a la moda y con gracia. Las comidas son una ocasión especial. Las Navidades llevan semanas de planificación; los aniversarios y cumpleaños son de mucha importancia; los obsequios y las palabras llevan un significado muy profundo. En cambio él es muy rutinario y no se emociona por nada ni por nadie.

## NIÑOS Y LA NECESIDAD DE ADAPTARSE

El matrimonio no es necesario para engendrar hijos. Por ejemplo, tomemos el caso de los Estados Unidos donde nacen cien mil niños al año fuera de matrimonio. Sin embargo, en el sentido pleno, el matrimonio es sumamente idóneo para la procreación. La procreación es engendrar, crear, formar, y hacer de los niños personas maduras, ciudadanos responsables y cristianos comprometidos. Engendrar niños no es el fin del matrimonio.

Ser "padre" es más que engendrar: es un proceso sicológico, biológico y social que requiere cariño, cuidado, tiempo y atención. El matrimonio trata de crear personas. El servicio a la nueva vida que se acepta, no se concluye después de los 9 meses de embarazo. Requiere la inversión de años y décadas.

## AMBIENTE DE AMOR

Durante el embarazo el niño vive en un ambiente perfecto que es el seno de la madre. Es perfecto en cuanto a luz, tinieblas, temperatura, protección y alimento, etc., etc.

Cuando el niño sale de este ambiente prenatal, tiene el derecho de nacer en el mejor ambiente posible, que es la comunidad de una familia amorosa. Los sociólogos dicen que el mejor ambiente para la crianza del niño es una comunidad íntima y pequeña en el cual el niño tenga disponible tanto el modelo femenino como el masculino, en el cual se encuentre cuidado, interés, atención, y un alto grado de continuo compromiso. En tal ambiente, su conducta puede ser controlada y la imagen sana de sí mismo será plenamente desarrollada. Además, por medio de la orientación y de la práctica entrará en un mundo en el cual podrá funcionar bien. Estos científicos describen el matrimonio basándose no sólo en libros sicológicos o religiosos, sino también, analizando las necesidades fundamentales del niño y el deseo de satisfacerlas.

## EL SERVICIO HACIA LA NUEVA VIDA

¿Cuál es tú opinión acerca de la prole? Espero que no te hayas dejado convencer por ciertas personas que quieren asustar a los matrimonios jóvenes con la idea errónea de que los niños son un forma de envenenamiento ambiental, ni tampoco de otros que dicen que los niños quitan la libertad a los esposos. "No pierdas ninguna oportunidad," dicen ellos, "tal vez puedas adoptar niños cuando llegues a los 35 ó 50 años.

Vivir es tomar decisiones. Desarrollarse quiere decir tomar decisiones sabiamente. Por elegir unas cosas se dejan otras. Estas son abandonadas. Sólo el inmaduro, el temeroso, el neurótico quiere hacer todo, y todo a la vez. Después de los 12 ó 13 años se espera que uno se dé cuenta que es imposible llegar a ser bombero, presidente, piloto, o hacendado.

## LOS HIJOS SON UN REGALO

Un hijo es un medio ordinario de perfeccionar la personalidad de los esposos. Por su estado de impotencia, su atractivo, el hijo lleva a sus padres a nuevas dimensiones de amor y comprensión. El evoca nuevos talentos y virtudes, lleva a los padres a un nivel superior de concientización, comprensión y generosidad. Mientras el lazo entre los esposos crece más fuerte y más seguro, ellos están dispuestos no sólo a mirarse y relacionarse el uno al otro, sino aún más, dirigir su amor a otra persona que no es ellos, pero que les pertenece.

En el interés común para con los hijos, el matrimonio comparte sueños, planes, orgullo y ansiedad, momentos de risa, alegría, decisiones y lágrimas. Al crear mamá y papá vínculos de amistad con sus hijos, construyen y mejoran lazos de unión más íntimos.

## EL AMOR DE LOS ESPOSOS

El regalo más grande que cualquier matrimonio puede dar a sus hijos es un amor consistente, fuerte, paciente, sabio y creativo. Sin embargo, para que el matrimonio haga esto efectivo, los dos tienen que ser personas adultas y maduras. Deben gozar de una amistad viva, vital y llena de apoyo mutuo. El amor cariñoso entre los esposos es la garantía de una amistad sana entre los padres e hijos. La esposa que se siente rechazada o aprovechada, fácilmente puede buscar en sus hijos su compensación y por consiguiente, llegar a ser una madre posesiva y dominante. El esposo que siente que sus esfuerzos no son apreciados, fácilmente puede dirigir sus frustraciones y hostilidades contra sus hijos o simplemente rehusar meterse en sus vidas porque: "Estoy demasiado ocupado." "Tengo demasiados problemas." Deja que su mamá los cuide, etc, etc.

El amor paternal se diferencia del amor conyugal y en cierto sentido es más parecido al amor de Dios.

En el amor de los esposos hay siempre reciprocidad o la esperanza de ella. Los conyuges se aman libremente y generosamente y están más que seguros del amor que recibirán en retorno. Al contrario, los niños nunca devolverán completamente el amor a sus padres. Los padres adultos saben, o deben saber que el destino de su hijo es llevar el amor que él ha recibido al futuro, entregándolo a sus hijos de generación a generación.

# PREPARARSE PARA LLEGAR A SER PADRES

El primer embarazo causa un cambio esencial entre los esposos. Uds. entonces serán tres. Para la mayoría de los matrimonios jóvenes, el embarazo constituye una fuente de alegría, mientras que para otros, puede ser una tensión. Para ciertos esposos jóvenes, la necesidad de compartir el amor de la esposa con el niño recién nacido puede ser una amenaza. Para ciertas esposas jóvenes, el misterio de una vida nueva en sí, puede ocasionarles preocupación. También existe el factor de lo desconocido durante el proceso de estar encinta y dar a luz. Trata de aprender algo. Consigue libros. Léanlos juntos. Busca consejos sanos. Este puede ser uno de los tiempos más felices de tu vida. Puedes verlo como una gran aventura que los dos pueden compartir.

Aprende a ser padre. Alimentar al niño y mantenerlo caliente, es relativamente sencillo. Pero la dinámica del desarrollo infantil, los efectos que repercuten sobre el hijo, la influencia tremenda de los padres no son tan obvios. Dialogar y no sólo leer libros. El conocimiento y la crianza que han recibido en sus propios hogares les ayudarán muchísimo y los enriquecerán. Esta experiencia puede ser muy valiosa, pero todavía puede ser mejorada con la ciencia moderna encontrada en los libros.

## TEMAS DE DISCUSION

Si la adaptación es de suma importancia en el matrimonio, ¿cómo te adaptarás, dónde, cuándo y en qué forma?

Para cada ganador hay un vencido, por lo tanto ¿puede un matrimonio permanecer saludable en el caso que uno de los compañeros sea el que siempre pierda? ¿Cómo se podrá evitar ésto?

El amor entre los cónyuges es más importante que el amor de los padres para con los hijos. ¿Estás de acuerdo o no? ¿Por qué?

"Tenía los ojos negros
y era una chica sencilla".
-Pero hay chicas más sencillas
aún y que tienen los ojos todavía
más negros.

-Es verdad, pero ella tiene una forma especial, única, de ser sencilla
y de tener los ojos negros". La quiero porque es ella . . . y se acabó".
Misterio insondable del "corazón"
de una persona que es reflejo de
Dios. Hay que profundizar en la ad-
miración de la persona: pasar de
las joyas que adornan el rostro, al
rostro mismo; del rostro a las cualidades personales, de las cualidades
al corazón y del corazón a Dios
de quien la persona es imagen. Poco a poco el amor se hace más
verdadero, humilde . . . se convierte
en un intercambio.

Entonces, a través de mí, a través de
mi amor, "el otro" podrá descubrir
el rostro de Dios, amor que le llama.

# Hay que aprender a comunicarse

Los matrimonios más dignos de lástima son aquellos en que los esposos comparten la casa, la cama y la comida pero siguen siendo extraños. Esas personas tienen niños, perros, gatos, carros y casas. Tienen también frustraciones, neurosis, aventuras amorosas y, finalmente, divorcios; o siguen una vida de desesperación pasiva soportando la carga del aburrimiento. No comprenden la importancia de la sinceridad que lleva consigo la confianza y establece la comunicación. No quieren correr el riesgo de amar por miedo a revelar sus sentimientos más íntimos.

No es posible una comunicación auténtica cuando no se tiene la confianza de dejarse conocer tal cual uno es. Muchos de nosotros nos empeñamos tanto en presentarnos, no como somos, síno como nos gustaría ser, ya que nos asusta la idea de darnos a conocer y nos vemos obligados a mantener la farsa.

Durante el noviazgo y primeros años del matrimonio hay brotes de verdadera comunicación que algunas parejas continúan desarrollando, creciendo en intimidad y, por consecuencia, aumentando su amor. Otras parejas se vuelven temerosas cuando la vida diaria las obliga a descubrirse y limitan la comunicación a ciertos temas impersonales. En lugar de expresar lo que sienten, quiénes son y cuáles son sus anhelos, hablan del clima, la televisión y el costo de la vida. Así comienza el descenso al aburrimiento.

La verdadera unión en el matrimonio nace de una actitud especial que se caracteriza por el deseo de conocer al otro y hacer todo lo posible por darse a conocer. Comunicación es la llave que abre la puerta del mutuo entendimiento.

## LA COMUNICACION ES EL ARTE DE COMPARTIR EXPERIENCIAS

La comunicación en el matrimonio es la habilidad con que podemos recibir y expresar nuestras emociones, ideas y sentimientos en tal forma que resulte en un mayor entendimiento mutuo, aceptación e intimidad. Con una buena comunicación nuestras diferencias se conocen y nuestros desacuerdos pueden ser mejor entendidos y respetados. Nuestras esperanzas se mezclan y se acuerdan soluciones tendientes a satisfacerse mutuamente.

## COMO YO LO VEO

En ciertos juegos de naipes, como el poker, el as es la carta mayor. Si cambiamos el juego a números, como en el "21," los ases pueden ser la carta menor. Es preciso notar que las cartas no cambian de color o tamaño de un juego al otro, lo que cambia es el significado que les damos cuando nos ponemos de acuerdo. El problema consiste, desde luego, en que no todos damos el mismo significado a las palabras, ideas, símbolos o eventos. Cada persona ve las cosas a través del cristal de sus experiencias y concocimientos y para cada individuo lo que ve es la realidad.

De acuerdo con nuestras experiencias personales reaccionamos en forma diferente al oir ciertos nombres o palabras: por ejemplo, lean una lista de nombres y seleccionemos uno o dos que a tu compañero no le gustan y a tí sí te gustan (o viceversa): Ana, Teresa, Amelia, Irma, Mónica,

Martha, Elsa, etc. Trata de analizar y expresar tus sentimientos acerca de esos nombres y de descubrir en tu pasado qué fue lo que contribuyó a que reaccionaras positiva o negativamente al escucharlos.

Cada uno de nosotros ha desarrollado su reacción personal a miles de palabras tales como dentista, espárragos, melodía, impuestos, desnudez, esposo responsable, ama de casa, etc.

Veamos esto en un ejemplo: Tomás descansa después de un día de trabajo. Se ha acostado en un sofá y Ana se agacha para abrazarlo. "Oye, esta noche sí que necesito que me mimen como a un bebé." Repentinamente, Ana se endereza. La intimidad se ha roto y ella se retira a terminar de poner la mesa. Tomás está asombrado y se siente herido, pero, siendo suficientemente sensible, se da cuenta de que la razón por la que ella se retiró bruscamente fue por algo que él dijo. Después de hablar un rato y de tratar de averiguar qué pasó. Ana misma se sorprende al descubrir que la palabra "bebé" le produjo una reacción fuerte y negativa. Esta palabra estaba cargada de emociones y experiencias de su niñez.

En su casa, ser mimada, significaba ser considerada como una persona inútil que no podía bastarse por sí misma, es decir, sin ningún valor y aún más, esta palabra estaba asociada con algo sucio y mal oliente. Significaba, además, una calamidad. Todos estos recuerdos afloraron, cuando su esposo, al cual ella deseaba admirar y ver como a su apoyo, su fuerza, deseaba ser tratado como un niño. Su disgusto y su reacción se debía a este desagradable recuerdo que tenía para ella esa insignificante palabra.

## ENFOCAR LOS SENTIMIENTOS

¿Qué podemos hacer para penetrar en la visión interior de cada uno, para entrar al mundo personal de él o de ella? La respuesta es tratar de desarrollar nuestra sensibilidad y desear comprenderla. Si nuestro cónyuge deja repentinamente de hablar y encontramos en él miradas tristes o si reacciona con indebida cólera, indignación, o brusquedad, entonces es cuando debemos parar la conversación para mirar el significado de esa reacción que es mucho más importante que las cuentas, los planes o problemas que se están discutiendo. Para y pregunta: "Oye, alguna cosa que dije te molestó," o "mira, si hay algo que te confunde, dímelo y trataré de aclararlo." De esta manera se puede resolver un pequeño problema.

La habilidad de aprender a sentir lo que la otra persona está sintiendo se llama comprensión, es decir, tratar de ponerse uno mismo en la mente, corazón, disposición y punto de vista de la otra persona. Sin embargo, antes que esta sensibilidad se haya desarrollado, el buen comunicador tiene que haber logrado una buena comprensión de sus propios sentimientos.

## CONOCERSE A SI MISMO

Existen personas que pasan toda la vida con un conocimiento superficial de sus propios sentimientos. Raramente reflexionan sobre sí mismos y si se les pregunta directamente, "¿Cómo te sientes?," apenas logran contestar, "Estoy bien," o "estoy fatal." Esta gente, muy a menudo, no relaciona sus reacciones con causa y efecto en su vida emocional.

Juana recibe un inesperado piropo y se encuentra realmente alborozada por algunas horas, pero desgraciadamente no relaciona el elogio con su estado de ánimo.

Juana tiene una cuenta muy grande que abonar al fin de semana y consiguientemente está muy preocupada por ello. Pasan varios días y está mal humorada, disgustada con todos, sin darse cuenta que su preocupación y temores acerca de su deuda le están causando todos estos problemas.

Si nosotros reconociéramos nuestros sentimientos podríamos aprender a vivir con ellos. Guillermo va manejando de regreso a su casa del trabajo. Si se diera cuenta de que está deprimido por el negocio que perdió, el catarro que congestiona su cabeza y el regaño de su jefe, al entrar en casa y al saludar haría la advertencia: "No me siento bien esta noche." Pero, en cambio, si él no está consciente del estado de ánimo en que se encuentra, reacciona bruscamente cuando la comida se retrasa un poco, o hay algún ruido molesto. Por días puede usar el hogar como lugar donde desquitarse de las frustrationes que ha ocasionado la rutina diaria y especialmente su trabajo.

La persona que reflexiona es capaz de distinguir e identificar sus sentimientos. Puede decir, "Estoy decaído, aprensivo, asustado, avergonzado, cansado, irritado, lo cual tiene significados diferentes." Si siempre expresa estas diferentes emociones bajo una sola frase, "Me siento mal," es muy difícil hablar de lo que esto significa y mucho menos comprenderlo. Una persona que tenga poco conocimiento de sí misma no puede comprender y tener compasión de los demás. Tenemos que hacer uso de nuestra propia experiencia en comprendernos para lograr comprender a los demás.

Pedro llega del trabajo muy tarde y encuentra a Susana muy nerviosa. El podría, 1) interpretar este proceder como un ataque dirigido hacia él y esto daría ocasión a un disgusto; 2) tratar de comprender la reacción de ella para descubrir qué es lo que causó su indisposición. Quizás pudo haber recibido una llamada de su madre que le disgustó, un insulto real o imaginario en el supermercado, o hasta una preocupación por su esposo, dado el peligro que ofrece el tráfico. En cualquier caso, el tratar de encontrar la causa de las diversas reacciones ayuda a la pareja a llegar a la raíz del problema y no únicamente ver los síntomas.

## ACEPTACION Y AMENAZA

El factor más importante para promover una comunicación eficaz es la actitud cariñosa y sincera de aceptación mutua. Habrás notado que hay personas con las cuales dialogamos fácilmente. Esas personas nos inspiran confianza. Sentimos que nos escuchan, nos respetan y se interesan por lo que decimos. Con ellas nos extendemos, nos sentimos capaces de revelar nuestros más profundos sentimientos y nuestras fantasías porque sabemos que no están ansiosas de criticarnos.

Hay otras personas que nos afectan al contrario; nos ponen a la defensiva e impiden la comunicación. En su presencia nos cortamos porque notamos su falta de atención. Su actitud dice: "Tú eres una estúpida, tus confidencias me aburren, no inspiran interés," o notamos su actitud de crítica destructiva. Con esa clase de gente es imposible entendernos.

Un niño que fue sorprendido rompiendo una ventana dijo "Yo le pagaré, pero no se lo diga a mamá." La madre del niño tiene ante él una posición de mucho valor en su vida, y su estimación, su buena opinión son tremendamente importantes para el muchacho. En el matrimonio, los esposos llegan también a significar mucho el uno para el otro. El esposo abriga la esperanza de que su esposa tenga una buena opinión de él y no quiere dejarle ver sus fallas. Del mismo modo, la esposa no quiere que su esposo se dé cuenta de sus errores o estupideces. En esta forma, un matrimonio, aunque los esposos se quieran mucho, pueden vivir en constante sobresalto.

## EJEMPLOS

La persona que trata de expresar sus sentimientos más profundos se puede comparar con quien desea nadar en primavera. Prueba el agua antes de tirarse. Primero prueba la temperatura con la mano. Si está muy fría no se lanza, se retira y abandona su intento. De la misma manera, tratándose de la comunicación con los otros, nos probamos el uno al otro por la temperatura de la aceptación y del afecto con el que nos recibe el compañero.

Si Juan dice a María, tratando de sondear su reacción, ¿"Sabes? no me siento feliz con el trabajo que tengo." ¿Cómo clasificarías las siguientes respuestas para que Juan se sienta apoyado o rechazado?

A) "Claro que no. No te pagan lo suficiente."

B) "Yo tampoco me encuentro tan feliz como quisiera en las cosas que tengo que hacer."

C) "No empecemos otra vez. Tenemos muchas cuentas que pagar para que te pongas a buscar otro trabajo."

D) "Todos nos desalentamos alguna que otra vez. A propósito, ¿qué es lo que quieres para la cena?"

E) "Estás preocupado por lo de tu trabajo. ¿Por qué no me cuentas algo más sobre eso?"

Elena dice a Pedro, "Un muchacho vino a vender una subscripción a una revista." Pedro sarcásticamente contesta, "No me digas que caíste en la trampa y que te obligó a comprar." Immediatamente, Elena piensa en Pedro como en un verdugo y se siente juzgada. Quizá le mienta acerca de la revista que compró. Lo peor de todo es que en el futuro tendrá temor de comunicarse con él.

Roberto bebe mucho y estuvo bastante escandaloso en la fiesta. En el camino a casa, Susana expresó su desagrado en forma de acusación, "Eres un borracho exhibicionista." Esto hará que Roberto se excuse o trate de defenderse atacando. Ella hubiera podido expresar sus propios sentimientos sin necesidad de acusarle diciéndole, "Me hiciste pasar una vergüenza." En tal caso, él podría decirle: "¿Por qué?," y la comunicación puede entonces establecerse. Ella puede averiguar que él procedió así porque es tímido y le asustan las personas extrañas. En esta forma llegan a conocer el problema y no sólo el síntoma.

## PRACTICANDO LA ACEPTACION

Acusaciones y actitudes bruscas minan la aceptación. Existen ciertas frases que las parejas suelen usar que en sí mismas invitan respuestas sutiles. Hemos escogido algunas frases comúnmente usadas que en sí encierran un ataque velado. En los tres primeros ejemplos el mensaje está escondido. En los que siguen tú trata de encontrarlos.

1. ¿Qué te pasa ahora? *Siempre te pasa algo, ¿de qué te quejas ahora?*

2. Esto es más de lo que puedo esperar de tí, pero . . . *Tú eres incapaz de hacer esta acción razonable, constructiva y noble, pero te doy esta nueva oportunidad, aunque estoy más que seguro que fracasarás.*

3. ¿Cuántas veces tengo que perdirte . . . ? *Tú frustras adrede mis mejores planes.*

Ahora prueba éstos:

1. ¿No me prometiste que ibas a . . . . . . . . . . . . . . . . . . . . . ?

2. ¿Para qué sirve recordarte . . . . . . . . . . . . . . . . . . . . . . . ?

3. ¿De dónde has sacado la idea de que . . . . . . . . . . . . . . . . ?

4. No quiero quejarme, pero . . . . . . . . . . . . . . . . . . . . . . . . . .

## COMUNICACION SIN PALABRAS

No es necesario que el ser humano hable para comunicarse. En la evolución del mundo, el lenguaje parece ser algo que se desarrolló posteriormente, mientras que los movimientos expresivos del cuerpo surgieron desde el principio. El cuerpo habla con saltos de alegría, con temblor de ira, con tensión de los músculos cuando tememos algo, con relajamiento de los mismos cuando estamos en un ambiente tibio, seguro y de buen humor. Simplemente de los ojos se puede decir que son penetrantes, luminosos, fríos, chispeantes, abrasadores, profundos, sin expresión o muertos: "Miradas que matan," dice una canción popular.

La comunicación sin palabras tiene mucha importancia en el matrimonio. En la intimidad de las relaciones matrimoniales, los esposos pueden reconocer miles de expresiones y reacciones sutiles que tienen lugar entre los dos, casi imperceptibles para quienes los rodean. Este lenguaje privado cumple una función vinculadora. En esas ocasiones pueden excluir a todos los demás y dialogar entre sí.

Como a veces las posiciones, gestos y expresiones faciales son muy espontáneas e intensas, tienden a expresar nuestros mensajes completa y claramente mejor que las palabras. La comunicación sin palabras por ser espontánea, algunas veces desmiente lo que decimos. Aprendemos a ser cuidadosos en lo que decimos para agradar a la gente, ser aceptados y esconder nuestros sentimientos, pero todavía no hemos aprendido a controlar todos nuestros gestos. Si durante una discusión conyugal uno de los esposos dice al otro, "Está bien, haremos lo que tú quieras." Sus palabras serán conciliadoras, pero su cuerpo rígido, su puño cerrado y su mandíbula fija expresan desafío, testarudez o cólera. En este caso les quedará un camino muy largo para lograr la debida comprensión.

## EL TOCAR

Muchas personas tienen que sobreponerse a la crianza que les dieron, la de no tocar y conservarse a cierta distancia. Evidentemente, necesitan adquirir el valor que tiene una mano que cura, una caricia que calma o el sostén de un brazo fuerte alrededor de los hombros, lo mismo que el acurrucarse contra alguien.

El tocar está relacionado con uno de los aspectos más importantes de la relación sexual. Algunas mujeres se quejan de que sólo las tocan con cariño sus maridos durante el preámbulo del acto sexual. El tocar llega a ser algo únicamente para decir, "yo quiero algo," en vez de, "te quiero."

## OBSERVACION DEL AMBIENTE SICOLOGICO

El lugar y el ánimo de una conversación puede determinar si hay comunicación o controversia. Algunos de los factores que deben ser tomados en cuenta en la comunicación son: tensión, cansancio, preocupaciones especiales, ansiedades, influencia del alcohol, tensión premenstrual, etc.

Para mayor claridad demos un ejemplo: Si Jorge acaba de llenar su planilla de impuestos sobre la renta y está muy deprimido pensando que nunca logrará la holgura económica, éste no es el momento de decirle, "Debemos comprar un regalo para la boda de mi primo, fuimos compañeros de la escuela y nos hemos llevado muy bien." Los problemas pueden ser solucionados mejor cuando las parejas están en un estado de ánimo optimista.

## PLANEANDO EL TIEMPO PARA ESTAR A SOLAS

Eviten el pretexto de estar siempre ocupados. Se da el caso en que el exceso de trabajo nos mantiene separados: cuando los hijos requieren atención, juntas de padres de familia y otras cosas que vienen al mismo tiempo. Esta serie de ocupaciones necesarias pueden mantener a una pareja sin comunicarse semana tras semana.

Uds. podrán hacer en algunas ocasiones algo excepcional como dar juntos un paseo. Si hay con qué, irse al campo un fin de semana, lejos de los niños, puede ser muy beneficioso aun para los chicos. Las mejores relaciones entre padres e hijos son las logradas por parejas que trabajan, profundizan y enriquecen sus propias relaciones. Esto no siempre es fácil. El compromiso matrimonial de contar siempre con tiempo para los dos debe ser fijo y regular y se considerará una prioridad muy alta, aun cuando estén de por medio los niños, el pintar la casa o el cortar la hierba del jardín.

## TELEVISION

Hay ocasiones en que la televisión estimula y aporta ideas brillantes, cultura y diversión en el hogar. También presenta películas corrientes, programas sin sentido y dramas para un nivel mental de diez años. Es muy fácil caer en el hábito de sentarse y mirar de una manera automática espectáculos en los cuales realmente no estamos interesados. Por consiguiente, no dejemos que la televisión llegue a ser un hábito que mate el tiempo y nos haga dormir. Debemos seleccionar programas buenos y serios, con el objeto de que estimulen la comunicación ampliando nuevos horizontes.

## EVITAR EL ESTAR SILENCIOSOS

¿Has sido alguno vez víctima del silencio?

¿Cómo te sentiste? ¿Herida, confundida, indignada, rechazada, frustrada, incluso asustada o vengativa? Lo peor que se puede hacer es guardar silencio, pues simboliza el rechazo completo del compañero. ¿Qué es lo que nos sugiere el silencio prolongado? Podría ser algo como esto, "Digas lo que digas o hagas lo que hagas, aunque me ruegues o te arrodilles, no me intersa. Te desprecio, y desprecio tus sentimientos, tus motivos y tus explicaciones."

Silencio es una ruptura completa, una aniquilación sicológica absoluta del otro. Este trato puede hacer huir a esa persona o tratar de forzar su camino a través de las barreras llegando a discusiones, gritos, amenazas y quizás a actitudes violentas. El guardar silencio hace imposible la solución de los problemas e incluso aniquila el verdadero amor.

¿Puede el silencio alguna vez ser constructivo? Sí, desde luego que sí, cuando las parejas están hundidas en una discusión, o aburridas, convendría que el uno dijera al otro, "Mira, vamos a pasar esto por alto, piensa, medita acerca de lo mismo; hablaremos luego." Esta clase de interrupción en la discusión puede ser saludable. Dará oportunidad para que vivamos momentos de calma, bienestar, sin dañar al otro, ya que se han percatado que la situación es temporal y adoptan las medidas de mutuo acuerdo.

## DEJEN LO QUE PASO

Cuando discutas no recuerdes lo pasado. Una de las grandes tentanciones que afrontamos cuando perdemos una discusión es buscar más municiones. El enorme almacén de municiones del que disponemos es la memoria. "¿Recuerdas cuando me prometiste venir directamente a casa, pero te quedaste con tus amigos divirtiéndote?" Conservemos las cosas al día. Habla de cómo te sientes ahora. Démonos cuenta de que la diferencia entre pelea y discusión es grande, dado que, en la primera, alguien quiere ganar; y en la segunda, ambos quieren alcanzar comprensión.

## NO LO COMENTES

Basta con dos personas para establecer una buena discusión. Por consiguiente, no metamos a los cuñados, suegros, vecinos o amigos. Después de haber pasado la tormenta los cónyuges se habrán besado, abrazado, hecho las paces y, evidentemente, olvidado todo lo referente a la pelea; pero la mamá de ella todavía estará resentida por lo que le dijo el marido a su hija. Claro que no es realista decir que nunca hablaremos de nuestro matrimonio a nuestros amigos. Existen ciertos niveles de intimidad, ciertas confidencias que no tienen por qué escuchar los demás, salvo en momentos de suma importancia.

## EVITAR SACAR LAS UÑAS

Después de terminado el trabajo, Jorge llega a casa 25 minutos más tarde. Susana está con una reacción de ira totalmente fuera de proporción con la ofensa inferida. Ella ha estado esperando la ocasión para sacar las uñas. Todavía está enojada con su marido desde la última vez que fueron al cine. Desde hace muchos meses ha tenido motivo de queja por una serie de razones en contra de Jorge, pero los ha sepultado en su interior. ¿Quién sabe la causa? Quizá a ella no le gustan las escenas desagradables; se considera a sí misma como una persona fuerte, noble, capaz de sepultar esas cosas. También se siente culpable de ciertas cosas que le hizo a su marido por las cuales él no la criticó.

Cada vez que surgía un sentimiento de ira contra Jorge, Susana lo metía en un saco sicológico que se agrandaba más y más. Al fin, ocurre algo que rompe el saco e inunda a los dos en un mar de quejas. Jorge está hundido en el remolino de sus agresiones. Se encuentra confuso, enojado y no tardará en explotar. Cuando tengas una queja verdadera, trata de exponerla abiertamente en cuanto sea posible. Hay que procurar aclarar las cosas antes de que se compliquen. La relación matrimonial puede soportar mucho más de lo que las parejas creen posible, sobre todo, si los dos son suficientemente inteligentes y se dan cuenta de que están discutiendo acerca de problemas determinados: presupuesto, parientes, amigos, vacaciones; de hecho, no discuten si  se aman o se odian.

A veces las discusiones pueden ir acompañadas de fricción y cólera, pero si las manejamos con talento, pueden dar lugar al crecimiento y a la madurez, lo cual conducirá a la comprensión. Evidentemente, es preferible la discusión a una calma artificial que cubre los sentimientos verdaderos.

## DEJA DE REGAÑAR

Regañar significa encontrar culpa constante en todo. Es decir, críticas, regaños, quejas. El sistema de molestar siempre no funciona nunca. Después de terminar la sexta semana de regañar a Jorge por no haber colocado la puerta metálica, está claro que él no ve las cosas exactamente como las ve ella. Para él tiene muy poca importancia; encuentra la tarea desagradable por una razón desconocida; o el trabajo lo relega. Se siente enojado por algo y quiere fastidiarla, o porque el asunto en su totalidad no tiene un sentido profundo y simbólico.

En todo caso, el regaño que tiene por único motivo causar una continua irritación para al fin alcanzar el objetivo, no es constructivo. Generalmente, se convierte en ruido de fondo, por lo que la otra persona le pondrá poca atención. Investiga los sentimientos que han causado la situación. Trata de averiguar el por qué del problema y cómo puede ser vencido y remediado. Regañar implica criticar y tener poca estimación por el otro. Es como si dijéramos, "¿Por qué eres tan estúpido que no puedes hacer esta cosa tan sencilla y que yo veo tan simple y tan importante?" Regañar, a menudo significa mala voluntad, pereza e irresponsabilidad y casi siempre produce una reacción negativa.

## NOTA SOBRE CONSEJEROS MATRIMONIALES

Si la pareja sufre problemas graves por falta de comprensión o no ve con claridad el modo de resolver una situación determinada se verá obligada a acudir a una persona especial. Si te encuentras en este caso, trata de escoger a una persona sabia, prudente, madura; o busca una ayuda profesional adecuada. Sobre todo, trata de solucionarlo antes que tus problemas se hagan desesperantes. Del mismo modo que los turistas en países extranjeros necesitan guías para aprender el idioma, costumbres, geografía del país, así algunos matrimonios se pueden perder o confundir en las complejidades de las relaciones matrimoniales.

## TEMAS DE DISCUSION

1. —¿La comprensión que yo tengo hacia mi cónyuge, depende del conocimiento que yo tengo de mí mismo?

2, —¿Puedo dar un informe franco de mi actuación acerca de mí mismo, con todo detalle y sinceridad?

3, —¿Perciben los otros mi falta de sinceridad y apertura de tal manera que la comunicación se vuelve difícil en lo que se refiere al trato con los demás?

"El amor es paciente, es afable; el amor no tiene envidias ni celos, no se jacta ni se engríe; no es grosero ni busca lo suyo; no se exaspera ni lleva cuentas del mal, no simpatiza con la injusticia, simpatiza con la verdad. El amor disculpa siempre, confía siempre, espera siempre, aguanta siempre. El amor no falla nunca. Hay tres cosas que nunca pasan: la fe, la esperanza y el amor—estas tres. Pero la más grande de todas es el amor."

*I Corintios, 13*

# SEXUALIDAD Y MATRIMONIO

El sexo no es lo que haces, sino lo que eres. Sexualidad, masculinidad, y feminidad son componentes básicos de la personalidad de un individuo. Eres una persona sexual. No existe otra clase de persona. Tu sexualidad es tu manera de ser frente al mundo. Ves, reaccionas y juzgas al mundo como hombre o como mujer, y el mundo te reconoce y te trata como tal.

## I. – EL SEXO ES COMPLEJO

La sexualidad humana tiene muchas dimensiones. En el momento de la concepción, la estructura bioquímica, la forma de tu cuerpo, y tus órganos fueron determinados para siempre. Esta dote característica que recibiste de los genes de tus padres es tu sexo como género.

Desde el momento de tu nacimiento aprendiste las características sexuales como un papel u oficio que desempeñar. Las actitudes de tus padres y de tus mayores, los juguetes con que te entretenías, la ropa que tus padres te proveyeron, los deberes que tenías que hacer, los juegos que jugabas, las instrucciones que te daban, ("Los hombrecitos no deben llorar." "Las niñas no deben jugar bruscamente."), todo esto te enseñó a portarte como perteneciente al sexo femenino o masculino.

### El sexo es un dinamismo sicológico

Es una especie de corriente emocional que circula continuamente entre jóvenes y señoritas, entre hombre y mujer. El sexo será parte de tí y de tu ser personal, hasta más o menos 10 minutos después de tu muerte.

### Sexo es intimidad física

Desde los tocamientos iniciales, los besos amorosos, hasta la entrega total del acto sexual. Estas intimidades tienen la posibilidad de expresar y compartir el más profundo placer y amor. En realidad, la amistad humana sexual se desarrolla con el tiempo. Le precede la edificación de una unión fuerte, emocional, basada en una confianza profunda, en una responsabilidad mutua y en un compromiso. Estas características conducen al matrimonio.

### El sexo es comunicación

El sexo es un lenguaje poderoso y simbólico que refuerza el vínculo del matrimonio. El abrazo de la relación sexual puede significar profundas realidades. El esposo puede decir: "Amor, te necesito." O una esposa puede decir al oído: "Aunque hayas fracasado alguna vez en nuestra unión, todavía te amo mucho." Estos mensajes, cuando son confirmados en el lecho matrimonial, convencen mucho más y son más totales.

### El sexo es procreador

La sexualidad humana tiene la posibilidad y la responsabilidad de una vida nueva. El diseño mismo de los órganos sexuales, lo "incompleto de ellos," la fisiología de la reproducción y la fuerza poderosa que se encuentra en el sexo, nos dicen claramente que una de las razones más importantes de la sexualidad es el llegar a ser padres de familia, el procrear una vida nueva y así continuar la raza humana.

## EL SEXO Y SUS SIGNIFICADOS

El ser humano da significado a sus relaciones sexuales. Puede usar su sexualidad de cien maneras diferentes para poder expresar varios significados. Puede desarrollar una actividad sexual sólo por juego, solemnemente, apasionadamente, alegremente, o como cumpliendo un deber. Además, puede usar su sexo para dar apoyo moral, consolar, comunicar, seducir, dar placer, compartir este placer, expresar amor y formar un lazo de unión. Por último, puede usar el sexo de una manera egoísta, o para desahogarse de sus tensiones, por conveniencia o regateo, para dominar o para castigar, para insultar o para explotar.

Las relaciones sexuales despiertan las emociones más profundas y las respuestas más primitivas de los dos sexos. Implican acciones muy íntimas y un grado muy alto de revelación personal y sicológica. Requieren confianza, cuidado, sinceridad, el deseo de no ofender al compañero y un interés mutuo. Las relaciones sexuales están especialmente destinadas a fomentar las más profundas relaciones interpersonales.

Como la experiencia de un paracaidista, o la de ser madre, o la de un recluta en el ejército, el tener relaciones sexuales es una experiencia única. Incluye todo lo más íntimo del ser. Nunca serás la misma persona después de esta experiencia. Toda persona que entra en relaciones sexuales de una manera seria y humana pasa por un cambio. Uno permanece como parte integral del otro. Se tocan y palpan en un nivel de gran intimidad, enriqueciéndose así mutuamente, al compartir sus emociones y sentimientos más íntimos. En verdad, se dan plenamente el uno al otro.

## TU MADUREZ SICOLOGICA

Tu actitud frente a la sexualidad ahora, tendrá gran influencia sobre la adaptación sexual y la felicidad en el matrimonio. Mientras esperas el día de tu boda, es conveniente que consideres cómo reaccionas ante algunas ideas acerca de la sexualidad.

*1) El sexo (incluso en el matrimonio) por muchos siglos ha sido considerado como algo malo, y mucha gente, aún hoy día, lo concibe así.*

Las razones de estas actitudes son muchas. A las mujeres se las consideraba como seres humanos de segunda clase, inclusive algunas veces se las trataba como a objetos, como si fueran muebles, que se podían comprar y usar. Las mujeres eran "una fuente de tentación." La posibilidad de una amistad o amor profundo con ellas no se consideraba seriamente.

La humanidad por mucho tiempo no supo casi nada de la sexualidad ni de la reproducción. Todo este proceso estaba lleno de misterio y, por consiguiente, creaba muchos miedos, recelos y desconfianza.

Con la experiencia, la gente descubrió que ciertas aberraciones sexuales podían causarle daño y también perjudicar a otros.

Finalmente, todo lo que implica placer, fué durante algunos períodos de la historia del occidente, considerado como sospechoso. Esto fué el resultado de una teología que mantenía que sólo el sufrir y el dolor eran agradables a Dios. Aunque los teólogos, filósofos y hombres de ciencia han enseñado por décadas que la sexualidad es buena, sin embargo, para mucha gente aún es algo sospechoso encerrado en la oscuridad de la alcoba.

*2) El sexo es bueno.*

Dios creó el cuerpo y todas sus partes. Dios creó la sexualidad humana. El es el autor de este deseo poderoso que impulsa al hombre y a la mujer a una atracción mutua, a la elección del cónyuge y a la unión matrimonial. Dios les dió la capacidad de darse y disfrutar del placer cuando esta pareja expresa su amor por medio de la unión sexual.

Este don de Dios es bueno. Como el vino, el aire puro, los ojos, la imaginación, o el habla, también el sexo puede ser mal usado. Cuando se usan éstos sin cuidado, superficialmente, de una forma egoísta, explotadora, entonces pueden llegar a ser pecado.

Algunas veces nos preguntamos: "¿Cómo es que las actividades sexuales pueden hacerse buenas por la ceremonia de la boda?" En verdad, esta pregunta es incorrecta. La sexualidad es importante, sagrada y buena durante toda la vida, antes y después del sacramento matrimonial.

Antes del matrimonio, el sexo está siempre rodeado de precausiones precisamente porque es bueno y merece protección. Porque el sexo es un instinto tan fuerte, tan poderoso, que puede llevar a causarse daño a sí mismo y a otros. Las leyes y los ideales que limitan el uso del sexo antes del matrimonio tienen como fin enfocar su uso como parte importante en la amistad humana sexual.

*3) El sexo tiene una dimensión moral muy importante.*

Hoy día se dice que las relaciones sexuales entre dos personas que quieren hacerlo sin casarse es aceptable. Esta actitud no es tu problema personal, pero a veces aquellos que hacen propaganda por la promiscuidad, o el intercambio de esposas, o sexo en común nos hacen sentir intranquilos con lo que parece ser la lógica y la argumentación de ellos. ¿En qué están equivocados?

Hay un principio de filosofía que dice: "Nadie puede avergonzarse de algo, si no tiene reverencia por ello," o en otras palabras: "El ser humano no sentirá vergüenza de sus acciones o de sus fallos en cualquier campo si no tiene un ideal personal en aquello." Si se le acusa a una mujer de ser "una mecánica mediocre," a ella no le importa. Ella no se ve a sí misma, no se valora como tal. Por el contrario, si se le dice que es una "madre horrible, posesiva, dominante" entonces sí hay problema. Esa imagen sí es importante para ella.

Así mismo cada persona tiene un ideal de sí misma como persona. Por su fe cristiana, tiene una imagen de sí misma (clara, confusa, consciente o inconsciente) de lo que podría ser: generosa, noble, competente, disciplinada, responsable, delicada, amante, admirable y heroica. Ahora bien, según esto, dado el conocimiento del instinto sexual y de su fuerza poderosa hacia el placer personal, hacia la copulación, hacia la atracción y ostentación, hacia la posesión de la otra persona como algo propio, cada uno se da cuenta de que la preocupación excesiva por la sexualidad o abuso de las fuerzas en este campo lo hacen desviarse de su ideal y no ser lo que realmente debería ser . . . y todo esto le causará vergüenza.

El sexo puede llevarle a alguien a descuidar su trabajo y su carrera, puede hacerle usar y explotar a otras personas, engañarse a sí mismo y a otros ("De veras te amo, mi amor por tí es auténtico"). Así se separa el sexo del amor. Si lo usa superficial y egoístamente, se llega a olvidar otras responsabilidades, se dejan familia, esposa, compromisos, etc. etc.

Así, el sexo contiene la posibilidad real de un daño para sí mismo y para otros y, por consiguiente, la posibilidad de pecado. Pero téngase en cuenta que el mal no está en el cuerpo o en los órganos o en la actividad sexual misma, el mal está en separarlo de otros valores importantes como el amor, el compromiso, el matrimonio, la familia y la responsabilidad. En cierto sentido, el sexo no es como un licor o una droga, cosas externas que podemos gozar o disfrutar, abusar de ellas o simplemente ignorarlas. Debe ser confrontado o reprimido, enfocado de acuerdo con los valores de uno. Cada persona debe afrontar su propia sexualidad y llegar a una decisión personal.

*4) Los sentimientos y las actitudes son más importantes que las técnicas.*

La preocupación por técnicas detalladas e intrincadas acerca del acto sexual, no solamente no es necesaria para una feliz adaptación matrimonial, sino que incluso puede ser dañina en el caso que conduzca a una actitud mecánica frente a lo que en realidad es expresión de sentimientos y amor humano.

La atracción a la unión sexual no es un instinto ciego y animal. Hombres y mujeres deben pensar bien en cómo y con quién crear el amor. Un conocimiento básico de la anatomía, sicología de la sexualidad y de la reproducción es buena y aconsejable. Pero muchos folletos llevan el asunto a un nivel muy exagerado. Su idea principal parece ser que la cantidad de placer sexual que puede ser producida es el elemento más importante en las relaciones sexuales y, consecuentemente, toda fuente de placer debe ser constantemente explorada.

Hacer el amor en el matrimonio es precisamente esto: crear y expresar el amor. Cualquiera que piense en substituir ciertos trucos mecánicos por sentimientos genuinos se engaña.

5) *El joven adulto, común y corriente, no sabe "todo lo que debe saber" acerca del sexo y no existe razón por la cual debería saberlo todo. Por mucho tiempo se creyó que el saberlo todo acerca del sexo equivalía a "machismo."*

Este mito trae consigo dos consecuencias negativas: La primera es que muchos hombres comienzan a creer que ellos "saben todo lo que deben saber acerca del sexo" y dejan de aprender o tratar de aprender cómo llegar a ser un amante satisfactorio para su esposa, sobre todo, en el campo más delicado, más sutil que tiene que ver con la variedad de ánimo sicológico, con las emociones y significados más profundos. La segunda es que, algunos hombres se resienten de que sus esposas hagan o sugieran algo acerca del campo sexual en el matrimonio. Esta es una amenaza grande contra la falsa imagen que tienen de sí mismos.

6) *Existen diferencias muy significativas entre hombres y mujeres en la actitud y respuesta al amor. Así el joven tiene respuestas corporales más rápidas, más inmediatas y es excitado más fácilmente, más profundamente, incluso por*

estímulos muy insignificantes tales como: vista, sonido, tacto, etc. Está dispuesto más rápidamente para una serie de respuestas sexuales. Parece que las mujeres no son tan fácilmente estimuladas por lo que ellas ven, escuchan o leen; a pesar que ellas responden fuertemente a las caricias y a los contactos físicos. Estas observaciones no son más que generalizaciones. Hombres y mujeres, individualmente, pueden ser y son muy diferentes los unos de los otros. Respecto al sexo es tonto decir: "Todos los hombres son así."

Es muy importante para parejas jóvenes aprender de su compañero y no presumir simplemente que ella es exactamente como la idea que él tiene de las mujeres, o que las reacciones de él son idénticas a las de ella o que él se sorprende cuando ella no corresponde a lo que él considera muy estimulante.

En muchos matrimonios suele ocurrir que él o ella es el más activo o la más pasiva. Tanto el esposo como la esposa pueden dar los primeros pasos para las relaciones matrimoniales. Es bueno y no es indecente, que la mujer invite al hombre.

## II. – LA FISIOLOGIA DEL SEXO

La fisiología de la sexualidad es muy conocida hoy día. Sin embargo, una revisión puede ser muy útil y de mucho provecho.

Aproximadamente a la edad de 11 ó 12 años la muchacha entra en una etapa de desarrollo muy importante llamada pubertad. La glándula pituitaria en su cerebro emite hormonas especiales que causan un período de crecimiento rápido y de maduración. Uno de los cambios importantes que se producen en esta edad es el comienzo de la menstruación, de la que hablaremos después.

## LOS OVARIOS Y EL UTERO

Los ovarios son dos órganos del tamaño de nueces localizados a cada lado de la cavidad abdominal, más o menos a 15 cm. de la cintura. Contienen miles de óvulos, células microscópicas que existen en el cuerpo de la muchacha desde su nacimiento. Cada óvulo contiene 23 cromosomas, los cuales complementan los 23 cromosomas del esperma del hombre para dar al niño su sexo y sus características hereditarias.

Con la pubertad empieza la ovulación. Cada ovario, alternativamente, primero el de un lado y luego el del otro, produce un óvulo maduro, aproximadamente cada 28 días, y lo envía a los tubos falopianos. Este proceso durará aproximadamente unos 30 años.

El óvulo maduro pasa por medio del tubo falopiano a un pasaje que conduce a la parte superior del útero. El óvulo toma varios días para realizar este viaje. La concepción, que es el encuentro de un espermatozoide y un óvulo, ocurre invariablemente mientras que el óvulo está en el tubo falopiano.

El útero tiene la forma de una pera con la parte estrecha, abierta, apuntada hacia abajo. Está compuesto de músculos muy fuertes y elásticos con capacidad de estirarse considerablemente durante el embarazo. Cada mes, más o menos, cuando un óvulo maduro sale del ovario, hay hormonas que activan el útero para recibir y nutrir al óvulo fertilizado. El útero hace esto por medio de sus paredes interiores, las cuales son blandas, gruesas y esponjosas.

El óvulo fertilizado, conteniendo ya todos los elementos de una nueva vida, va creciendo muy rápidamente en tamaño y se adhiere a la pared del útero. Aquí, en un ambiente de mucha protección, el feto crece y se desarrolla durante los nueve meses de embarazo hasta que está listo para el nacimiento.

La parte inferior del útero está conectada a un pasaje llamado vagina que termina en la vulva que es la apertura entre las piernas de la mujer. La vulva, formada por dos pliegues carnosos llamados los labios vaginales, es el pasaje que recibe el órgano sexual del hombre, el pene, en el acto sexual.

La vagina es capaz de extenderse mucho, dado que, al mismo tiempo, es también el canal para el parto, el pasaje por el cual pasa el infante completamente desarrollado en el proceso del nacimiento.

## LA MENSTRUACION

La mayoría de las veces el óvulo que llega al útero no es fertilizado; simplemente se desintegra. La pared blanda del útero y la sangre que contiene, también se disuelven poco después de la ovulación y algunos días más tarde salen del cuerpo por la vagina durante los días de la menstruación.

Ovulación y menstruación no tienen lugar durante el ambarazo, debido a que las hormonas que son emitidas después de la concepción o de la fertilización impiden ambos procesos. (Una forma artificial de esas hormonas especiales, la progesterona, es la que se usa en la "píldora" para prevenir la ovulación.)

La menstruación normal y la ovulación continúan en la mujer común y corriente hasta la edad de 45 ó 50 años. Terminarán en el tiempo que se llama menopausia, después de la cual, la mujer no es capaz de concebir más hijos.

## EL SISTEMA MASCULINO

Un muchacho entra en la pubertad aproximadamente 15 meses más tarde que la muchacha, es decir alrededor de los 12 ó 13 años. En este tiempo, el sistema reproductivo del hombre, (que está compuesto de dos órganos, los testículos y el pene) es activados.

Los testículos son los órganos del hombre que producen los espermatozoides y tienen el tamaño de aceitunas grandes. Los testículos están cubiertos por el escroto, que es una bolsa blanda que cuelga entre las piernas del hombre, hacia el frente de su cuerpo. En la pubertad, los testículos empiezan a producir las células masculinas reproductivas llamadas espermatozoides que se producen literalmente por milliones. Cada diminuto espermatozoide tiene una cabeza o núcleo en forma oval y una cola que le permite moverse en busca del óvulo.

El pene con el escroto y los testículos forman los órganos genitales masculinos. El pene es un órgano carnoso en forma de un tubo esponjoso situado entre las piernas del hombre en frente del escroto. Generalmente es pequeño, blando y flexible. La punta del pene que se llama glande contiene un gran número de nervios que lo hacen muy sensible a cualquier estímulo. Cuando el hombre está excitado sexualmente, el pene, que está compuesto de una materia esponjosa, se llena de sangre y se vuelve mucho más largo, grueso y firme. Este proceso se llama erección. Sólo en estas condiciones de erección el pene puede ser introducido en la vagina de la mujer.

Dada una estimulación continua el esperma es movido por un pasaje desde el epidídimo (donde los testículos lo tienen almacenado) hacia arriba hasta el pene.

Varias glándulas añaden secreciones al esperma cuando pasa, el cual, adquiere la forma de una substancia lechosa que se llama líquido seminal, listo para moverse por el pasaje del pene que se llama "uretra."

Cuando en el acto sexual la estimulación o la excitación nerviosa llega a la culminación, el pene experimenta una serie de contracciones rítmicas y así emite el esperma dentro del cuerpo de la mujer. Este proceso es llamado eyaculación. Poco después la sangre se retira de la materia esponjosa del pene, y éste vuelve a su estado normal en tamaño y flacidez.

En una eyaculación millones de espermatozoides son despositados en la vagina de la mujer. Los espermatozoides viajan, literalmente nadan, por el útero y dentro de los tubos falopianos. Si encuentra un óvulo, entonces, un espermatozoide y solamente uno, lo fertilizará y la unión de los núcleos del espermatozoide y del óvulo es la fertilización; entonces dará comienzo la nueva vida.

## III.—EL SEXO EN EL MATRIMONIO

Las parejas enamoradas desean unidad y unión. Intercambian regalos, tratando así simbólicamente de dar al amado algo de sí mismos. Explorando la personalidad del otro gozan al encontrar en la mente del compañero el mismo pensar, la misma experiencia en la memoria del otro. El "yo" y el "tú" se hacen "nosotros"; la pareja avanza hacia la expresión física del afecto. El estar cerca, el tocarse, el estrecharse, los besos, las caricias, todo lleva a un mejor conocerse y apreciarse.

Estas expresiones de amor, significativas en sí mismas, son también un proceso de preparar la mente, los sentimientos y el cuerpo para la intimidad del amor físico.

En el Antiguo Testamento, la palabra, "conocer" era un símbolo de la unión matrimonial, queriéndonos decir con esto que el amor no es solamente físico, sino que es la completa compenetración de dos personas.

Lo que sigue son sugerencias humanas, cristianas, realistas, para el principio y el crecimiento del amor sexual en el matrimonio.

## ESTIMULACION

Ciertas áreas del cuerpo, tanto en los hombres como en las mujeres responden de una manera especial a la estimulación sexual. La boca, los labios, los órganos sexuales de ambos, los pechos de la mujer, son las principales zonas sensitivas o "erógenas." Además, existen en las personas muchas variaciones, juntamente con el estado de ánimo. Para algunas, las orejas, la nuca, la espalda, los hombros, las caderas, etc, pueden ser áreas muy sensitivas.

Cuando la pareja comienza la estimulación de estas áreas al ser acariciadas, tocadas o besadas (o debido a otras formas de contacto), causan o producen una excitación física y emocional que gradualmente aumenta. Hay un aumento de excitación y de tensión sexual y de una concentración más intensa en la preparación para las relaciones sexuales.

En esta etapa de estimulación preliminar, a veces llamada "preparación amorosa," no hay tocamientos buenos o malos, correctos o incorrectos, o zonas del cuerpo prohibidas. Lo que es deseado por el compañero y lo que es placentero al otro está perfectamente bien.

En este acercamiento a su esposa, el esposo debe mostrar una combinación de pasión y de consideración con cierta sensibilidad y ternura. Además, debe procurar que el placer y la excitación crezcan, tratando de evitar el apuro y el egoísmo.

En las relaciones sexuales, el joven esposo no debe estar demasiado orientado hacia la meta; debe gozar el viaje mismo, las deleitaciones, la prolongación del abrazo matrimonial; y no concentrarse en alcanzar el orgasmo. El llegar ahí puede ser la mitad del placer.

En ocasiones, uno de los compañeros participará del acto sexual por deseo, y el otro participará en el acto sin pasión, si bien con cariño; la ausencia de una entrega mutua puede disminuir el sentido de la unión de la pareja.

Un monólogo con un oyente pasivo, al que se quiere, es un pobre substituto de una conversación animada. Un compañero puede mostrar una acomodación sacrificada que puede ser muy deprimente para el otro, y tal vez dejar al "sacrificante" con la idea de haber sido usado. "No seas mediocre" es un mandamiento básico del matrimonio. En la sexualidad matrimonial, "alejamiento" puede representar una falta de caridad.

## ESTADO DE ANIMO EN EL AMOR

El estado de ánimo y el ambiente son importantes. Las palabras románticas, de afecto, aprecio, el vestido, la hora del día, la capacidad de tomar tiempo y proceder de una manera tranquila y no apurada, la música, el cuarto mismo, la limpieza personal, todo provee un ambiente especial de seguridad, de bienestar, estimulación, que puede ser de gran ayuda para el gozo mutuo del uno y del otro.

Estos factores ambientales son a veces más importantes para la esposa que para el esposo. Constituyen, en cierto modo, una manera de despertar el amor, que a ella le gusta y que ella aprecia. Los dos deben descubrir lo que esperan en este campo después del matrimonio. Si un modelo de actividad sexual se hace demasiado fijo o repetido puede resultar rutinario y cansado. Cierta flexibilidad en tiempo, lugar, estado de ánimo, acercamiento y circunstancias pueden ser agradables para ambos compañeros.

La esposa joven debe ser confiada y cooperativa, dispuesta a dejar que se desborde su amor en nuevas emociones y experiencias. Debe reconocer que es capaz de una profundidad real y de una verdadera respuesta física. No debe angustiarse por el acercamiento del esposo, ni por el calor de su propia respuesta o por el deseo de tomar la iniciativa en besarle, tocarle, acariciarle, para así promover el proceso.

El mito antiguo del papel de la mujer como pasiva está hoy día muerto. No tiene nada de indecente para ella el adelantarse y hacer sugerencias para empezar las relaciones sexuales y, por consiguiente, no debe sentirse demasiado audaz. En el acto de amor la desnudez es natural y normal. La exposición del cuerpo es natural, seductiva, agraciada. Toca a la pareja decidirlo y cualquier forma es casta y buena. Si castidad es definida como "el uso razonable de nuestras potencias sexuales de acuerdo a nuestros fines de estado de vida," entonces, castidad para el casado implica envolvimiento humano completo en la expresión física del amor. El comportamiento de una esposa joven puede ser libre, muy íntimo, muy juguetón, muy apasionado y, sin embargo, muy casto.

El elemento visual en la estimulación es más importante

para el hombre que para la mujer. La apariencia, vestido, exposición gradual del cuerpo, posiciones, todo en fin, es parte del acercamiento humano a la satisfacción sexual.

## LOS CAMBIOS FISICOS

Cuando el acto de amor progresa, ocurren cambios físicos en los órganos sexuales de cada compañero. La entrada de la vagina de la esposa está cubierta de dos pliegues de carne llamados los labios vaginales. Conforme la estimulación avanza, esta zona se hincha, se vuelve más firme y se abre algo. Al mismo tiempo se producen secreciones en la vagina que sirven para lubricar el pasaje y para hacer más fácil la entrada del pene.

El pene del esposo se endurece, se vuelve más largo y húmedo para ser capaz de penetrar. De este modo un proceso de erección similar acontece en ambos participantes. Cuando ocurren los cambios físicos no solamente el cuerpo de la mujer sino también sus emociones juegan un papel importante.

Ella está lista, preparada, deseando recibir a su esposo. También el deseo del hombre se expresa en su cuerpo y es concentrado y enfocado, listo para darse a su esposa.

## LA CURVA DE EXCITACION

Cuando la excitación se hace más intensa, el sistema nervioso entero llega a tomar parte y está preparado para el acto de unión final. La excitación sexual generalmente sigue una curva normal que se desarrolla de una manera diferente en distintas personas y ordinariamente suele progresar más rápidamente en el joven esposo que en la esposa. Es deseable en esta etapa una cierta restricción y cierta calma del esposo hasta que su esposa llegue a una participación completa. El acto de amor toma tiempo. Si se evita el apuro y si se da atención a los actos de estimulación preparatorios, el nivel de satisfacción de ambos participantes será mejor.

Es de provecho llamar la atención a un diminuto órgano denominado clítoris que está situado en el centro de los labios vaginales, hacia arriba. Es uno de los más importantes centros de la sensibilidad sexual en la mujer y es deseable darle suficiente estimulación durante las etapas finales antes del acto.

Durante el proceso de estimulación es muy importante también la comunicación entre la pareja. Esto no significa necesariamente que el uno dé al otro instrucciones detalladas, pero que sí reconozcan sus palabras o sonidos, que ciertas acciones son placenteras o deseables y consecuentemente deben ser continuadas. Eso tiene el efecto de asegurar a ambos que las cosas están progresando. Estos sonidos de correspondencia y apreciación ayudan a la estimulación sicológica.

## EL CLIMAX

Cuando la estimulación sexual es muy intensa y ambos esposos se sienten listos, entonces el pene es introducido en la vagina. Muchas veces es de provecho que la mujer ayude al esposo en este acto. El esposo inicia una serie de movimientos rítmicos en los cuales ambos esposos participan. Esos movimientos causan una tensión física y emocional la cual llega a un punto de clímax. En aquel momento, la tensión nerviosa es de repente aliviada en el orgasmo. En este tiempo, el líquido seminal es expulsado por el pene del esposo y es depositado en la vagina de la esposa.

Este alivio rápido de tensión es el momento cumbre de excitación y del más grande placer en el acto sexual. Le sigue un estado de calma y un sentido profundo de bienestar.

El orgasmo siempre occure en el esposo, es definido y evidente, y está asociado con el momento de eyaculación. Una vez que el proceso del orgasmo comienza en el hombre, continúa automáticamente y está prácticamente fuera del control del hombre el detenerlo. El modo del orgasmo en las mujeres es muy variado. La misma mujer puede tener diferentes respuestas en distintos tiempos, a veces muy marcadas, intensas y evidentes con espasmos musculares en las caderas y en ocasiones menos intensos y perceptibles. Para la esposa, el orgasmo no es siempre tan claro, no es siempre una experiencia definida o localizada como lo es para el esposo. A veces, puede ser una reacción difusa, menos clara, un sentido de descanso, bienestar, de unión íntima y de satisfacción.

Hay estudios que indican que para muchas esposas un clímax muy marcado es muy infrecuente en los primeros días del matrimonio y puede ser que no ocurra hasta después de varios meses de experiencia. Una vez que la joven esposa ha alcanzado un clímax intenso, no hay ninguna seguridad de que su respuesta en las ocasiones futuras será igual. Los niveles de respuesta serán diferentes y dependen del tiempo, del estado de ánimo, de la participación emocional, del bienestar físico y de otras circunstancias.

El joven esposo, generalmente, alcanza el clímax poco después de haber introducido el pene. El tiempo se hace más largo con la experiencia. Eso puede significar que en muchas ocasiones la esposa no alcanza el clímax al mismo tiempo que el esposo. Un acto sexual no produce automáticamente un orgasmo simultáneo en ambos esposos. Marido y mujer deben aprender por experiencia y con paciencia la cantidad de estimulación preparatoria que cada uno requiere para alcanzar el alivio profundo, físico, y emocional del cual ambos son capaces. Con más experiencia la coordinación del tiempo necesario para llegar al clímax será más fácil y controlable.

Una palabra de precaución: tengan cuidado con los folletos que leen, que a veces presentan como ideal, una excitación intensa y un clímax simultáneo que se alcanza constantemente. Muchas veces esto es irreal. Además, la discusión continua y la publicidad recientemente dada al clímax femenino en los periódicos, pueden dar como resultado el que se dé demasiado énfasis en alcanzar este único criterio de éxito sexual. El clímax de la mujer para algunos ha venido a ser un símbolo que crea ansiedad tanto para el hombre (¿puede él provocarlo?) como para la mujer (¿lo puede alcanzar?).

El pensamiento de que siempre existe y que debemos experimentarlo, o que de una manera u otra fallamos en nuestro amor, puede causar molestias a ciertas parejas y puede causar angustias que de hecho impiden el proceso del placer sexual.

## POSICIONES

Algunos manuales de matrimonio ofrecen largas descripciones acerca de las posturas en el momento del acto. Cualquier pareja con una actitud positiva frente al sexo y con una verdadera consideración del uno para con el otro, pronto descubrirán las diferentes posiciones que les proporcionan más satisfacción en diferentes tiempos y en diferentes circunstancias. La postura más común es la del esposo encima de la esposa. Otra postura básica es lado a lado. La mujer encima del hombre y la introducción en la vagina por detrás son menos frecuentes, pero ciertamente aceptables, si persiguen el fin de una expresión humana de amor pleno.

Los esposos deben tratar de recordar que los innumerables actos de amor: el darse regalos, el escucharse atentamente, el apoyo sicológico, la ayuda en la casa, las pequeñas sorpresas, los halagos acerca de la apariencia y sus cualidades, todo está diciendo a la mujer que ella es apreciada, evaluada como tal, preferida a otras, deseada, amada, necesitada. Esta actitud de amor entra en las relaciones sexuales y las hace más humanas, más cordiales, más personales, más completas.

Por el contrario, los esposos deben tener en cuenta el mito de la naturaleza física del hombre. El área del ser masculino que necesita más estimulación es su mente y su imaginación. Debe decirle con palabras y aun sin ellas, que es atractivo, apreciado, querido, tanto espiritual, sicológica como físicamente. La esposa que supone que su esposo no necesita aliento y aseguramiento, "y ciertamente no en el nivel físico," está generalmente cometiendo un error.

Las relaciones sexuales son una de las formas más profundas de la comunicación humana. El cuerpo habla con elocuencia para mostrar el amor de la mente y el corazón. Mientras viven juntos por años, comparten alegrías, frustraciones, contratiempos, satisfacciones, almacenan experiencias y recuerdos queridos, encontrando mucho que decirse el uno al otro: eso modela y facilita el acto sexual. No deben temer la abstinencia sexual temporal, porque así como el silencio dramatiza y da énfasis a las palabras ya habladas, así la abstinencia sexual puede fomentar el deseo, alimentar la imaginación y consecuentemente, dar un significado más profundo y verdadero a la relación sexual.

## EXPERIENCIAS DE NOVATOS

Ocurre a veces que con la novedad y la excitación del amor el esposo joven experimenta eyaculación antes de que la unión corporal se haya realizado. Tal cosa es común y por lo tanto, no debe causar sorpresa, vergüenza, ni tampoco ansiedad. Si ocurre una eyaculación prematura el esposo debería esperar un tiempo, unos minutos o varias horas hasta que el proceso de erección tenga lugar. Conforme las intimidades matrimoniales se hacen más familiares, la sensibilidad externa disminuye y el problema de la eyaculación prematura se resuelve por sí mismo.

Para las mujeres, el orgasmo es un fenómeno más complejo y puede incluir varias etapas de participación y respuesta. Así las jóvenes esposas cuando están estimuladas, pueden experimentar cierto orgasmo antes que la unión tome lugar y, más aún, pueden experimentar varios orgasmos durante el acto sexual. Todo esto es normal y la pareja puede y debe proceder simplemente como ellos desean. Uno de los factores que solía causar preocupación con respecto a la noche de boda era el tener que rasgar el himen.

En la mujer joven, la apertura externa del pasaje vaginal está cubierta parcialmente por una membrana muy delgada llamada himen. En esta época de tantas actividades, en ciertas mujeres el himen frecuentemente se extiende y se abre un poco antes del matrimonio.

El estado del himen no es una indicación de virginidad o de la pérdida de ella. Si la membrana está intacta será distendida y abierta durante la unión sexual inicial. Cuando esto ocurre, se sentirá como una presión en el momento que el pene es introducido en la apertura vaginal. Cuando la membrana se extiende o se abre, la única sensación para la mayoría de las mujeres es simplemente que la tensión desaparece. Puede haber a veces una pequeña molestia y una pequeña cantidad de sangre, pero esto no debe ser causa de preocupación o de precaución.

El miedo al dolor que algunas novias traen al matrimonio no tiene razón de ser. Es un hecho que este miedo puede causar una tensión muscular, la cual hace que la relación sexual se haga difícil. En rarísimos casos se encuentra que el himen es tan grueso que las relaciones se hacen difíciles. En esta situación se debe consultar al médico.

Es importante planear un poco la noche de boda y la luna de miel. Tengan en cuenta todas las actividades frenéticas que acompañan al día de la boda; las fiestas, las celebraciones, la ceremonia misma, a pesar de que son acontecimientos felices, quitan energía nerviosa y emocional. Dado que tienen un día muy lleno, evidentemente estarán cansados al final.

Por lo tanto, no traten de buscar un lugar muy lejano donde pasar la noche de boda. Incluso pueden dialogar acerca de si esa noche es el mejor tiempo para que tengan su primera experiencia sexual. Si deciden, como la mayoría de las parejas, tener relaciones sexuales, planeen un largo tiempo para descansar, y, a la vez, estén seguros que no tienen que tomar al avión a la mañana siguiente. Durante la luna de miel debe reinar felicidad y alegría. Escojan un lugar en donde ambos estén a gusto y gocen en plenitud, pero recuerden que deben tener suficiente tiempo para disfrutar juntos.

## FRECUENCIA

Algunas parejas preguntan acerca de la frecuencia de las relaciones matrimoniales y cuánto debe durar el acto. No se puede dar una respuesta general. Entre parejas felices y normales, la frecuencia dependerá del estado de ánimo, temperamento, salud física, edad, oportunidad y, en fin, de muchos factores. Algunas parejas parece que tienen relaciones sobre una base regular planeada. Por el contrario, para otras todo es cuestión de estado de ánimo y de impulso. Cuando aprendan a interpretar las necesidades y deseos de cada uno, de una manera satisfactoria para los dos, entonces todo se facilitará.

Para algunas parejas, las relaciones sexuales casi diarias en los primeros meses de matrimonio son bastante comunes; sin embargo, menos frecuente parece ser lo más típico.

Una vez más, la duración de las relaciones sexuales es cuestión del ánimo y preferencias de la pareja. En ciertas ocasiones si los dos están plenamente dispuestos, todo el proceso puede ser que no lleve más de 10 ó 15 minutos. Por el contrario, en tiempos de más calma una hora o más no les parecerá muy largo.

## FALTA DE HABILIDAD

El vencer una falta inicial de habilidad y el descubrir cómo agradar al otro es una alegría íntima y personal que une a los dos más estrechamente. La primera vez que tu novio te besó estuvo tosco comparado con la última vez, pero hubo algo especial en aquella primera ocasión que tú recuerdas con ternura. Eso es lo que el amor hace en el matrimonio.

Las parejas casadas pueden y deben discutir el acto físico entre sí. Es moralmente bueno expresar su estado de ánimo, sentimientos, pensamientos y preferencias. Deben aprender a ser francos y honestos en un nivel muy íntimo; entonces sí crecerá su amor. Si hay falta de correspondencia, o se desea posponer el acto, lo comprenderán y no lo interpretarán como un rechazo o como una disminución del amor.

El amor sexual tendrá un resultado satisfactorio en la mayoría de los matrimonios, si las parejas no exigen demasiado ni de sí mismos, ni de su compañero, ni de la sexualidad.

## EL EMBARAZO

Hay quienes aconsejan a los jóvenes casados el posponer su primer embarazo hasta que se han acostumbrado el uno al otro; realmente existe aquí un peligro muy grande, dado que una adaptación completa y una madurez plena nunca se alcanzarán.

Si, al contrario, la pareja toma tiempo para pensar y entonces llegan a un acuerdo mutuo y esperan que el embarazo se realice más tarde, entonces está bien y es bueno. Pero tengan cuidado de no caer en la trampa de la seguridad financiera que dice: "Necesitamos tanto espacio y tal cantidad de dinero en el banco; entonces estaremos seguros y listos para un niño." Cuando los bienes materiales se acumulan, lo que era un lujo ayer, hoy se hace una necesidad y el número de cosas que actualmente necesitamos "de absoluta necesidad" es más y más grande.

La vida matrimonial debe ser fructífera. Al constituirse en padres de familia, los esposos continúan el desarrollo de sus personalidades como seres humanos y como amantes. Estén sobre aviso de no creer toda la propaganda de la nueva generación, porque en ciertas ocasiones alimenta un deseo de prolongar un romance inmaduro. Es decir, no hacer frente a la responsabilidad que va unida al sexo: la procreación.

Si la esposa goza de buena salud, no hay razón por la que no se pueda disfrutar de las relaciones sexuales durante el embarazo hasta unas semanas antes del parto. En este tiempo ella probablemente consultará al médico y hay que seguir sus consejos. Después del parto, se requiere un lapso de 4 a 6 semanas de descanso antes de que se reanuden las relaciones sexuales. Es conveniente una temporada de reposo para que los órganos reproductivos de la mujer se restablezcan y vuelvan a su estado normal.

Inmediatamente antes y después del parto, como también en cualquier otro período, la abstinencia temporal es necesaria y aconsejable, dado que debe existir entre las parejas una consideración mutua.

Para algunas será prudente evitar acciones y situaciones que, por experiencia, saben que les excitan ya que, al tener que negarse, se sentirán frustrados.

También se preguntan si se debe tener relaciones sexuales durante el período de la menstruación. En realidad no es problema moral o médico. La sensibilidad de los esposos es lo único que se debe considerar. A veces uno o ambos esposos prefieren por razones estéticas el no tener relaciones en esas circunstancias. Recuerden que Uds. son únicos. Nunca encontrarán una pareja semejante. Su vida sexual es única en sus relaciones personales. Si consiguen plena satisfacción que les hace capaces de expresar y recibir amor, entonces, está bien, y no hay razón de preocupación.

## TEMAS DE DISCUSION

Si la separación entre amor y sexo mengua el poder de unificación del sexo, entonces, ¿cómo lograrías mantenerlos unidos?

¿Cómo combinas el fuego de la pasión y, a la vez, el respeto que se requiere, para lograr una actividad plenamente humana?

Si el significado que damos al sexo puede variar, entonces, ¿qué significado tiene para ti?

# Matrimonio y finanzas

*Cuando un joven periodista le preguntó al anciano millonario John D. Rockefeller: "¿Cuánto dinero es bastante dinero?"*

*Después de pensarlo por un momento, el millonario respondió: "Solamente un poco más, amigo. Solamente un poco más."*

## PODEROSO CABALLERO ES DON DINERO

Los expertos afirman que la falta de dinero y la preocupación que le acompaña son la fuente principal de los problemas matrimoniales. Las parejas que tienen suficiente dinero para vivir una vida adecuada, generalmente viven una vida más feliz que las que no tienen suficiente, pues les queda más tiempo para dedicarlo a mejorar sus relaciones matrimoniales.

No cabe duda de que el dinero es una de las motivaciones básicas del existir humano. Hay quienes lo buscan con ansiedad; mientras que otros parecen creer que el dinero crece en los árboles. El dinero produce fuertes emociones en la mayoría de la gente. Pocas personas tienen una actitud de absoluta indiferencia hacia el dinero. Por eso dijo nuestro poeta: "Poderoso caballero es Don Dinero". El dinero puede ser señal de poder para algunos; mientras que para otros es fuente de seguridad, de control, de posición social, de libertad para escoger entre una cosa u otra, etc. La falta de dinero, por otra parte, puede producir sentimientos de inferioridad, de culpabilidad, de impotencia, de depresión mental y hasta de ira. ¡El dinero! . . . ¡Nunca parece que tenemos suficiente! Los gastos constantemente van en aumento, lo mismo que nuestras necesidades y el deseo de tener siempre un poco más; mientras que los salarios permanecen estacionarios o no aumentan en la misma proporción que nuestros gastos y necesidades y la subida de los precios. Necesitamos dinero — ¡siempre un poco más! — para no perder la seguridad material de que gozamos, o el poder que tenemos, o la comodidad que hemos alcanzado, o la posición social en que nos encontramos. Cuanto más tenemos, más gastamos. Y, lógicamente, cuanto más gastamos, menos tenemos. La única solución a este círculo vicioso es, o tener más (lo cual automáticamente nos llevará de nuevo al mismo círculo vicioso), o gastar menos, ya sea modificando nuestro tren de vida, o acomodándolo a nuestras entradas, planeando cuidadosamente nuestro presupuesto económico.

## LA SOCIEDAD DE CONSUMO

Hoy día vivimos en lo que los sociólogos y economistas llaman una "sociedad de consumo". Las Compañías Comerciales gastan cantidades astronómicas en anuncios con los que bombardean al consumidor para crear necesidades que el consumidor ignoraba tener, y para convencerlo después de que debe comprar el producto que nos venden. La campaña publicitaria fomenta la inseguridad natural del ser humano, así como nuestros temores, nuestras ambiciones y nuestros deseos. Todo lo hacen con la única finalidad de enriquecerse sacándonos nuestro dinero. A la mujer que quiere ser hermosa (y ¿qué mujer no quiere serlo?) la convencen de que tal cosmético la hará más atractiva por el perfume que arrastra, o por la crema que borra las manchas de la piel o las arrugas de los años. Tal desodorante te atraerá amistades de manera maravillosa, o te dará un aura de poder varonil que automáticamente subyuga al "sexo débil" . . . Si compra tal estéreo, habrá logrado traer a la sala de estar las mejores orquestas del mundo, mucho mejor que si fuera a escucharlas al teatro. Su mal carácter tiene solución: tome tal o cual pastilla que quita el mal humor por arte de magia y la convertirá en la persona más amable y más comprensiva del mundo. Su fin de semana será feliz si toma tal cerveza: "Por qué no hace de cada día de la semana un día feliz, como el fin de semana, tomando cada día la cerveza de la felicidad?" . . . ¡Lo malo es que la gente se lo cree como si fuera revelación divina!

El número de parejas que cae diariamente en deudas que no pueden pagar, porque, en vez de limitarse a comprar lo que necesitan, gastan grandes dinerales en superfluidades, es demasiado grande y demasiado trágico. Una vez en deuda, ésta se encarga de generar nuevas deudas. "Compre ahora y pague luego". Pero luego tendrás que pagar el costo de lo que has comprado, más los intereses de lo que debes y que, frecuentemente, doblan el valor de la compra. Por otra parte, no es raro que lo que has comprado genere, a su vez, nuevas necesidades y, consecuentemente, nuevas deudas: un coche de lujo, no puede caminar sin gasolina (tanta más gasolina cuanto más lujoso sea el coche). El estéreo necesita discos, cintas. Una cerveza lleva a otra y a otra . . . y posiblemente a la borrachera y al alcoholismo con todas sus trágicas consecuencias.

Visto de este punto de vista, no es nada raro que el 40% de los divorcios han comenzado, o han terminado, por problemas económicos. Por eso el lema, "Menos es mejor", tal vez no sea muy comercial; pero, ciertamente, es muy sabio y prudente. Las crisis económicas que estamos sufriendo a nivel nacional y mundial: falta de energía eléctrica, falta de gasolina, devaluación de la moneda, subida de precios, encuentran eco en el microcosmo del hogar.

## ¿QUE ACTITUD TOMAR ANTE EL DINERO?

La actitud que usted y su esposo o esposa tomen hacia el dinero: cuánto ganar, cuánto gastar, es de vital importancia para la armonía de su vida familiar y para su felicidad matrimonial. Posiblemente ustedes tengan actitudes diferentes hacia el dinero. Es necesario que las examinen y que lleguen a un acuerdo.

Por ejemplo: Aunque pocas parejas se cuestionan sobre si la esposa debe o no trabajar, puesto que la mayoría asume que la esposa va a trabajar, muchas sufren las consecuencias de la crisis de identidad del esposo que se considera el responsable del bienestar económico de la familia, sobre todo cuando es la esposa la que aporta al hogar la mayor cantidad de dinero. Esto es muy común sobre todo entre los Latinos, para los que el hombre es, por tradición, el proveedor hasta el punto de que, cuando deja de serlo, o cuando no es el único proveedor siente amenazada su virilidad como "jefe" de la casa. En estos casos el diálogo sobre las finanzas del hogar, sobre el papel de cada uno en lo concerniente a la economía del hogar, es absolutamente necesario para evitar la inseguridad personal que destruye la seguridad y la paz y felicidad familiar.

Del mismo modo que el ambiente de que cada uno viene influye sus actitudes hacia el sexo, hacia las relaciones matrimoniales, hacia los hábitos o costumbres personales, así también ese mismo ambiente influye sobre sus actitudes y posturas ante el dinero y las finanzas. Si una persona viene de un ambiente de pobreza en el que faltaba hasta lo necesario para la vida, con mucha facilidad puede desarrollar una actitud de ahorro excesivo: tal persona pudiera ser tacaña por miedo de volver a encontrarse sin lo necesario para la vida para ella y para su familia; por eso ahorra todo lo que puede, o invierte su dinero en tierras o casas, de las que podrá disponer en el futuro en caso de necesidad. Esta persona tiende a no gastar en superfluidades, como son las diversiones; cuenta cuidadosamente el dinero que gasta en la comida y prefiere comer mal. Por otra parte, la persona que viene de un ambiente de afluencia económica, puede convertirse en manirrota y gastadora, porque cree que nunca le va a faltar el dinero. Mientras que no es raro que la persona que viene de un ambiente de pobreza sea la gastadora, mientras que la que viene de un ambiente de afluencia sea la tacaña, o por lo menos, la prudente en gastar. La actitud ante el dinero se basa en los valores que una persona ha aprendido y en el estilo de vida que tal persona ha escogido basada en esos valores.

La mayor parte de las parejas, sin duda ninguna encajará entre los dos extremos que acabamos de describir. Lo normal es que cada pareja tenga un poco de cada extremo. Lo cierto es que cada persona tiene actitudes muy definidas hacia el dinero. Algunos tuvieron papás que llevaban el ahorro a los extremos, que consideraban que la finalidad de su existencia era amontonar dinero, y que solamente gozaban cuando veían cómo aumentaba su cuenta de Banco. Otros, tal vez, recuerdan que el castigo que recibían cuando se portaban mal era quitarles "el domingo", mientras el premio a su buena conducta era recibir más dinero en el fin de semana. No es raro encontrarse con el caso del esposo que no le quiere decir a su esposa cuánto gana para mantenerla dependiente de sus cambios de humor o carácter: el día que se siente bien, o cuando la esposa se porta bien, le da dinero; pero cuando él no se siente bien, o cuando la esposa no se porta como él quiere, le dice sencillamente que no tiene dinero. Así controla su dependencia o independencia. Además cuando la esposa no sabe cuánto gana su esposo, éste no se siente mal si ella gana más que él . . . . Algunos piensan que el hombre debe conservar absoluto control sobre el dinero y libertad para usarlo como él quiera, y, por eso, no le dice a su esposa cuánto gana, o cuánto tiene en el Banco: cuando la esposa necesita dinero, él es el único que puede dárselo, en la medida en que él quiera. Todas estas aberraciones tienen la raíz en la actitud de cada persona hacia el dinero, así como en la formación, o falta de formación personal de cada individuo.

## UN EXAMEN PERSONAL

De todo lo dicho hasta ahora, se deduce que son muchas las parejas que no tienen ideas claras sobre las finanzas. No saben de dónde les viene el dinero, ni cómo se les va de entre las manos sin darse cuenta. Sólo saben que continuamente están en deudas y que éstas son cada día mayores y más agobiantes. Cada persona debería conocer su actitud hacia el dinero . . . desde antes de casarse. Cada pareja debería examinar su situación financiera y personal: "¿Qué significa el dinero para cada uno de ustedes? ¿Hasta qué punto han influído sobre mí mis experiencias pasadas, ya sean familiares o personales? ¿Qué problemas creo que vamos a tener en lo que se refiere a las finanzas? ¿Qué obligaciones o compromisos voy a llevar al matrimonio?" A este respecto, vale la pena recordar que muchas personas van al matrimonio con la idea de que van a seguir manteniendo a sus padres y hermanos, hasta el punto de que éstos sean más importantes que su esposa e hijos. Escriban en un papel lo que tienen: en el Banco, en muebles, en casas o terrenos, en otras posesiones, como coche, etc., Seguros, salarios. En otra columna, junto a la primera, escriban las deudas que tienen, las obligaciones que tienen: pagar Seguros, pagos por compra de casa, coche, etc., sin olvidar los gastos de la boda y de la luna de miel.

Hagan lo posible para pagar todas las deudas antes de casarse. Sean sinceros el uno para con el otro. No le oculte a su esposa que le debe a su compadre los $150.00 que le prestó para comprar el anillo de compromiso.

## COMO HACER UN PRESUPUESTO FAMILIAR

Una vez que han hecho la lista de lo que poseen y de lo que deben; y una vez que han establecido con bastante claridad los gastos que van a tener que hacer durante cada mes del año próximo, deben establecer también las entradas que tienen que tener para cubrir los gastos y para ahorrar algo de dinero, o, por lo menos, para no endeudarse más. Hacer un presupuesto no es nada difícil, si se tiene presente que los gastos nunca deben sobrepasar a las entradas.

Es importante decidir el proceso que han de seguir para manejar el dinero: ¿Quién se va a encargar de pagar las cuentas? ¿Cuánto van a tratar de ahorrar por semana o por mes? ¿Se va a encargar uno sólo de estos asuntos, o lo van a hacer juntos compartiendo la responsabilidad? ¿De cuánto dinero va a disponer cada uno de ustedes para sus gastos ordinarios de la semana: transportación, almuerzos en el trabajo, cigarrillos, cosméticos, etc.?

Casi todos los Bancos y las Compañías de Seguros distribuyen gratuitamente folletos que explican la preparación del presupuesto familiar y que ayudan a distribuir el dinero de modo que puedan ir consiguiendo poco a poco lo que podríamos llamar lujos personales o del hogar. Pero sin un diálogo constante y sincero entre los esposos, todo esto es un ejercicio en futilidades. Establezcan metas en su presupuesto y pónganse de acuerdo en alcanzarlas. No se olviden de dejar un margen de seguridad para en caso de emergencias imprevistas, pero sin dejarse aplastar por el temor de ellas. El ahorrar para el futuro es muy importante, pero no hasta el punto de no tener los medios necesarios para gozar del presente modesta y razonablemente, no vaya a suceder que, por estar obsesionados por el futuro, vayan a desperdiciar los mejores años de su vida. El extremo contrario también hay que evitarlo: no deben estar obsesionados por gozar el presente hasta el punto de que no planeen y se preparen para el futuro.

Finalmente, el presupuesto debe ser realista. Un presupuesto irrealizable mata toda motivación humana para alcanzarlo. Y, por tanto, es inútil. El mejor modo de poder llegar a hacer un buen presupuesto, es ser muy cuidadoso y apuntar con exactitud minuciosa tanto las entradas como los gastos de los tres a seis primeros meses de matrimonio. Esto dará una buena base para preparar el presupuesto familiar.

## PRESTAMOS

*Préstamos de la familia.* ¿Qué decir de la costumbre de algunos de pedir préstamos a la familia? Los miembros de la familia pueden prestar dinero a intereses menores que cualquier Banco, o sin interés. . . . es posible. Sin embargo, en estos casos, el préstamo debe ser manejado como un "negocio": tanto el que presta como el que pide prestado debe seguir las reglas y normas comunes de todo negocio. Solamente así se evitarán serios problemas familiares que pueden llevarles a enemistades profundas. Lo mejor es evitar pedir prestado a la familia, siempre que se pueda evitar. La amistad o el amor familiar no se deben mezclar con los negocios. Es mejor dar dinero a la familia que prestárselo. Cualquier negocio entre familiares debería ir escrito y documentado (y debidamente notariado) exactamente igual que si se hiciera entre extraños.

*"Compre ahora, pague después"*. Durante los primeros años del matrimonio puede ser bueno valerse de la facilidad que dan muchas Compañías para comprar e ir pagando a plazos. Ciertamente que, en estos casos, hay que pagar interés; pero éstos pueden ser considerados como una inversión en el futuro, cuando lo que se compra es *necesario*. Pero si lo que se compra es algo (por ejemplo, un automóvil, o un yate, o un viaje caro) que no es necesario y que no se puede pagar al contado, la facilidad de comprar ahora y pagar más tarde puede ser una trampa que cueste muy cara. Lo que no es absolutamente necesario es mejor no comprarlo, o si se compra, pagarlo al contado sin tener que pedir préstamos.

*"Su crédito es bueno"*. Tal vez sea bueno para el vendedor, pero puede ser muy malo para usted. El "crédito" que dan muchas tiendas nunca es gratis. Muchas personas se dejan llevar de la ilusión de no pagar, usando la facilidad de crédito, contrayendo así deudas que luego no pueden pagar o que tienen que pagar muy caras. El servicio de crédito es conveniente solamente cuando, como dijimos antes, hay que comprar algo absolutamente necesario. Si ustedes usan el sistema de crédito, deben hacerlo conscientes de que tienen que pagar por ese servicio que le brindan las tiendas o los Bancos. Cuando compren a plazos, estén seguros de que entienden bien cuánto van a tener que pagar sobre el precio normal de lo que compran. Solamente así podrán planear su

presupuesto. ¿Van a pagar réditos mensuales o anuales? A medida que van pagando el valor principal de lo que han comprado, ¿van decreciendo los réditos que pagan, o permanecen lo mismo? Todo esto es necesario para poder decidir si realmente pueden pagar lo que desean comprar, según sus posibilidades económicas. En algunas ocasiones se darán cuenta de que es mejor esperar, ahorrar dinero y pagar al contado . . . más tarde.

Las tarjetas de crédito pueden ser muy convenientes. Pero en poder de algunas personas se convierten en una inconveniencia muy grande. La facilidad de poder comprar con tarjetas de crédito, nunca debe convertirse en facilidad para comprar todo lo que se antoje indiscriminidamente. El gusto que se siente al comprar sin tener que pagar al contado, se convierte en dolor cuando, al final del mes, llega la cuenta de las tarjetas de crédito. La ilusión de afluencia que dan las tarjetas al usarlas, se convierte en desilusión al tener que pagar las cuentas que cobra el Banco.

## CONSEJO FINAL

El dinero, usado sabiamente, puede contribuir a la salud, la diversión, la posibilidad de dar y compartir con otras personas lo que uno tiene, mientras que asegura el futuro. Un presupuesto bien planeado y cuidadosamente observado puede garantizar la seguridad material del matrimonio y el futuro de la familia. Cuando se toma con entusiasmo el planeamiento del presupuesto familiar, el valor de lo que se gana aumenta y contribuye a la paz mental de la familia, pues ésta sabe que los gastos no la van a agobiar y que las deudas no se van a acumular pesadamente. Pero todo esto no es fácil, a menos que los esposos tengan una actitud de sinceridad y diálogo entre ellos, compartiendo los altibajos de la vida y de la fortuna, brindándose mutuamente apoyo y comprensión. Solamente así el planear, el hacer y el observar el presupuesto familiar se convierte en una garantía de paz y felicidad matrimonial y familiar.

# EDUCACION Y FORMACION DE LOS HIJOS

Uno de los agridulces del amor de los padres es que los hijos viven en el hogar del futuro, en el que los padres no pueden entrar. Después de haber aceptado el reto de educar Cristianos sólidos, buenos ciudadanos en un mundo que está lejos de la perfección y que cambia continuamente, los padres cristianos deben aceptar, así mismo, la responsabilidad de trabajar por mejorar la condición de los seres humanos en ese mismo mundo. Es de sus padres, de quienes los niños adquieren las creencias, los valores y las actitudes básicas que van a formar sus vidas, sus mentes y, finalmente, su futuro. Por tanto, podemos afirmar que los padres son algo muy significativo en la formación de los hijos que, como dijimos antes, viven en el hogar del futuro. En cierto modo, los papás son responsables no sólo por sus propios hijos, sino también por los hijos de sus hijos. La paternidad y la maternidad son una inversión en el presente y en el futuro. La formación de los hijos es un proceso que dura muchos años y que supone el cuidado de lo espiritual, el amor, y el proceso de crecer con los hijos hasta que éstos llegan a estar completamente preparados para dar la cara a la vida por sí mismos.

## ¿DEBEMOS TENER HIJOS?

La preocupación actual que encontramos en los esposos en lo que se refiere a su propio crecimiento y felicidad, como individuos y como compañeros de por vida, así como la preocupación por el enriquecimiento de sus relaciones mutuas es algo que hacía tiempo era absolutamente necesario. Sin embargo, debemos tener cuidado de que el énfasis en las relaciones como compañeros no llegue a quitar importancia al papel del matrimonio como origen de nuevas vidas y al servicio de ellas. Por supuesto que el matrimonio no es biológicamente necesario para traer al mundo nuevas vidas. Sin embargo, el matrimonio es necesario para la procreación en su sentido humano más profundo, ya que no se trata de simplemente traer hijos al mundo —eso también lo hacen los animales irracionales—, sino, sobre todo, de procrear hijos que crezcan en el calor de un hogar y bajo el amor y el cuidado del padre y de la madre.

Algunos, falsamente llamados "liberales" modernos, tratan de asustarnos hablando de contaminación del mundo por la superabundancia de hijos. Algo así como si los hijos fueran gases indeseables, o basura que es necesario evitar. Es necesario aprender a cuidar con amor, a conservar y compartir los recursos que Dios ha puesto a nuestra disposición. Desde luego, que, por razones individuales o por circunstancias especiales, las parejas pueden, y en algunos casos se verán obligadas a limitar el número de hijos que van a traer al mundo. Pero no porque los hijos son una molestia que, a todo costo, es necesario evitar. Tal modo de pensar revela una mente sumamente superficial y egoísta. El quitar valor al papel de los hijos en la familia va en contra de todos los principios más básicos. Eric Erikson, el gran siquíatra, al trazar las etapas del desarrollo humano, señala el hecho de que la *identidad*, lograda durante la niñez y la adolescencia dentro del marco de la familia, nos prepara para la *intimidad y las relaciones mutuas*. Lo cual, a su vez, nos lleva a la *creatividad* y a la *producción fructuosa*, que es la etapa final del desarrollo humano, cuando una persona llega a reconocer lo que puede y debe dar para el futuro de la sociedad al procrear y educar nuevas vidas.

Hay parejas que dicen: "No podemos traer criaturas a un mundo como éste en que vivimos." Solamente los que toman la actitud del avestruz no reconocerán los problemas que nos rodean en el mundo en que vivimos. Pero, por otra parte, quien no reconozca que el mundo puede ser mejor, manifiesta que no sabe historia, que no cree realmente que Cristo y Su Gracia operan dentro de nosotros. Quien piensa así desconoce que uno de los grandes dones que los niños y los jóvenes poseen es el de la esperanza, o sea, la capacidad de soñar lo imposible y hacer que esos sueños se conviertan en realidad. A medida que vuestros hijos caminan hacia el futuro, un futuro mejor que nuestro presente, los problemas que ahora nos preocupan habrán pasado a la historia. Vuestros hijos tendrán que dar la cara a nuevos problemas, diferentes problemas, que nosotros ni sospechábamos que pudieran llegar a existir. Estos nuevos problemas—no los que nosotros teníamos—serán los que a vuestros hijos les harán preocuparse por el futuro de sus hijos y de sus nietos, mientras que nuestros problemas les parecerán preocupaciones infantiles. Así es el ciclo de la vida humana.

Otros dicen: "Los hijos cuestan mucho dinero, quitan la libertad atando a uno al hogar e impiden vivir la vida con plenitud. Lo mejor es no comprometernos." Estas personas no se dan cuenta de que el vivir exige tener que hacer decisiones. La madurez consiste en saber escoger con sabiduría. Para hacer decisiones definitivas, uno tiene que comprometerse a ellas y abandonar otras. Solamente la persona inmadura cree que puede poseer todo sin abandonar nada. Tales personas piensan que pueden ser todo y tener todo a la vez. Cierto que el tener hijos supone el abandonar otras opciones y aceptar algunas limitaciones. Pero también supone la determinación de buscar una plenitud madura y responsable concentrándose en la fundación de la familia propia, lo cual trae consigo satisfaciones incontables y muy hermosas. "Hay tiempo para todo." El matrimonio es el tiempo para empezar una vida nueva, para avanzar hacia la madurez personal, para la relación humana maravillosa que se llama "paternidad" o "maternidad."

Al conducir a los padres hacia nuevas dimensiones del amor, los hijos dan a sus papás mucho más de lo que ellos reciben. El poeta Amado Nervo lo ha expresado con su belleza característica en estos versos:

"Nada te debe aquel a quien le diste;
por eso tú su ingratitud esquiva.
El fue quien te hizo el bien, ya que pudiste
ejercer la mejor prerrogativa,
que es el dar, y que a pocos Dios depara.
Da, pues, como el venero cristalino,
que siempre brinda más del agua clara
que le pide el sediento peregrino."

La hijos son la causa de que los padres lleguen a descubrir en sí mismos talentos que, de no haber tenido hijos, nunca hubieran sospechado poseer. Los hijos son la causa de que los papás lleguen a descubrir la gran fuerza de resistencia que Dios les ha dado. Los hijos hacen que los padres lleguen a entender el significado de la comprensión y de la generosidad. Todo esto es riqueza que los papás reciben de sus hijos.

El reto de educar y formar a los hijos ayuda a los padres a madurar y a perfeccionar su carácter y su personalidad. Los hijos suscitan en los padres el verdadero valor del futuro. Son los hijos los que se convierten en causa motora para que los padres se unan a la comunidad social, a la comunidad de la Iglesia, a la escuela, al barrio, y a las demás organizaciones y grupos que forman la comunidad humana a la que pertenecen y en la que crecen sus hijos. De nuevo citamos al inefable Amado Nervo:

"Recibe el don del cielo y nunca pidas
nada a los hombres: pero da si puedes;
da sonriendo y con amor; no midas
jamás la magnitud de tus mercedes".

A muchas parejas son los hijos quienes, al nacer, las conducen a nuevas etapas de compromiso en su vida de amor, en un momento de su existencia cuando la novedad del romance que los llevó a la unión matrimonial empieza a perder su atractivo. Es entonces, cuando llegan los hijos, cuando los esposos, al tener que preocuparse de la criatura que ha nacido, se dan cuenta de que, de nuevo, se están hablando, están planeando juntos, empiezan a soñar juntos, se sienten orgullosos juntos, se alegran juntos y celebran juntos la belleza de la fecundidad de su amor, y, ¿por qué no decirlo?, llegan a preocuparse y a llorar . . . ¡juntos! El ser padre o madre es una tarea de los esposos en la que se fortalecen los lazos del amor mutuo al unirse en el amor hacia los hijos. Alguien ha afirmado que la paternidad y la maternidad son las cosas que más se parecen al amor generoso de Dios, que da sin egoísmos, sin nunca esperar nada. Porque los hijos nunca pueden llegar a reciprocar el amor que los padres les dan. Esto nunca deberían olvidarlo los padres. El destino de los hijos es llevar hacia el futuro el amor que han recibido de los padres para transmitirlo a otras generaciones, a sus propios hijos y nietos.

Aunque ustedes nunca deben esperar la reciprocidad en el amor de sus hijos, no deben olvidar que los hijos mismos son el premio de ese amor. El ver a los hijos crecer y verlos maravillarse ante los descubrimientos más insignificantes de la vida que van estrenando a medida que crecen, debe despertar en los padres un sentido de orgullo y satisfacción: ¡son sus hijos! ¡son la marvilla humana que ellos han creado y han traído al mundo! Tanto los papás como los abuelitos sienten la tremenda alegría que solamente los hijos y nietos pueden dar. La paternidad y la maternidad, en este sentido, son una gran riqueza de la que se privan los que creen que los hijos son una carga o una molestia indeseable.

Pero seamos realistas. Lo mismo que los hijos pueden ser una fuente de alegría y satisfacción, también pueden ser una fuente de tristezas y preocupaciones. No es necesario hablar del gran esfuerzo que supone la educación y formación de los hijos. Pero no olvidemos que esas tristezas y preocupaciones que acompañan a la tarea de alimentar, enseñar, vestir y formar a los hijos son una oportunidad para el crecimiento en la madurez por parte de los padres. No es solamente el agua y el calor los que ayudan a que el árbol crezca fuerte y bello. También le ayudan el frío, y el viento y la inclemencia del invierno. Precisamente en las dificultades de la educación de los hijos, los padres aprenden a amar sin egoísmos, a ser pacientes y comprensivos, a dar sin esperar remuneración, a sacrificarse puramente por amor. Todo esto los hace más fuertes, y más sabios a la vez. Los hijos son un regalo de Dios que, al darlos, concede a los padres la oportunidad de llegar a ser la clase de personas que los padres quisieran ser.

Cuando los esposos se ven el uno al otro como padre y como madre, naturalmente desarrollan una dimensión de respeto mutuo mucho más profunda el uno hacia el otro. Ningún otro aspecto de la vida matrimonial exigen el trabajo en equipo de ambos como el de la educación de los hijos. Los padres deben trabajar, preocuparse, cuidar y planear juntos. Este trabajo en equipo los hará unirse más íntimamente y profundizar en el amor que se tienen. Los hijos, por su parte, promueven y elevan este amor. Al negarse a ustedes mismos el privilegio de tener hijos y de educarlos, se privan de la oportunidad de desarrollarse, de progresar y de madurar. La familia siempre será la unidad básica de la sociedad; la unión de la familia por el amor es el mejor alimento de los hijos; mientras que la presencia de los hijos pueden promover el crecimiento y el desarrollo personal de los padres.

## DE LA TEORIA A LA PRACTICA

Por muy bien preparados que hayan llegado al matrimonio para la vida de unión y para la educación y formación de una familia, estén seguros de que la experiencia de la paternidad y de la maternidad es siempre diferente de lo que pensaban antes de casarse. Como en todas las experiencias de la vida humana, la vivencia personal de la paternidad y de la maternidad siempre modificará las perspectivas personales y, frecuentemente, puede ser un obstáculo para las decisiones prudentes. Tal vez usted sepa mucho sobre la educación de los hijos, pero, casi seguro que cuando nazca su primer hijo se le van a olvidar todas sus teorías. Por tanto, le sugerimos que preste atención a las siguientes sugerencias.

## PERIODO DE ADAPTACION PARA EL NACIMIENTO DE LA PRIMERA CRIATURA

El nacimiento de la primera criatura es un suceso muy significativo que normalmente cambia la vida de la pareja y que exige una definición del papel de cada uno de los casados. Puesto que la madre no tiene experiencia previa es lógico que debe dedicar mucho tiempo, energía y atención al cuidado de su criatura, hasta el punto de llegar a olvidarse de sus obligaciones como esposa y compañera. El joven padre puede interpretar esto como olvido *voluntario* y llegar a resentir la presencia del hijo que se ha convertido en rival en lo que toca a la atención de la esposa.

Por supuesto que hay padres que creen firmemente que la educación y cuidado de los hijos es algo que le corresponde enteramente a la esposa, y, por tanto, rehusan tomar parte. Por otra parte, hay mujeres que, tal vez, sin intentarlo, promueven esta falsa idea al actuar como si el embarazo fuera algo exclusivo de la mujer, hasta el punto de no discutirlo con el esposo sino sólo con su madre o con otras casadas. La mujer verdaderamente inteligente debe darse cuenta de que su esposo puede llegar a ser buen padre solamente ayudado por ella. Antes del nacimiento de la criatura la mujer debe hablar de "nuestro" embarazo y compartir con su esposo sus esperanzas y sus preocupaciones Antes y después del nacimiento de la criatura ambos deben hablar de "nuestra" criatura para que ambos se vayan ajustando a su nuevo papel de padres. De este modo, cuando el niño nace, éste no se convierte en una cuña que separa a los esposos, sino en un lazo que los une, algo que han estado esperando con ilusión durante nueve meses: la criatura a la que no solo la engendraron en un momento de amor generoso, sino a la que han mimado minuto a minuto, maravillados de su poder creador, hasta que la han visto, nacida, en carne y hueso, en sus brazos.

En las primeras etapas de la paternidad y de la maternidad la vida social de los papás sufre ciertas restricciones. Pero no es necesario enfatizarlas Aunque muchos padres y madres jóvenes tienen mucho miedo de dejar a su criatura al cuidado de otras personas, deben darse cuenta de que este miedo es natural por una parte, y de que, por otra parte, es necesario vencerlo dejando a su criaturita con personas responsables, de modo que ellos puedan salir y seguir el desarollo normal de su vida. Ciertamente, ya no tendrán la libertad de acción que tenían antes de ser padres. Pero el serlo no debe convertirlos en monjes o monjas que no pueden salir a ninguna parte. Mucho peor es la situación del padre que deja toda la responsabilidad a la madre, mientras que él goza de la libertad del "soltero". Si los esposos no sacan tiempo para estar juntos y divertirse juntos, poco a poco empezará a formarse un muro de separación entre ellos: la esposa en casa con sus hijos; el esposo, sólo con su trabajo o con sus amigos; o los dos siempre en casa, resentidos contra la criatura que les ha quitado toda la libertad.

Cada uno de ustedes debe darse cuenta de las necesidades del otro: deben ayudarse mutuamente lo más posible; deben divertirse con su criaturita . . . ¡juntos! lo más posible; y, sobre todo, deben buscar el modo de gozar la compañía del uno con el otro compartiendo sus sentimientos del uno hacia el otro y de ambos hacia su hijo, o hijos.

## ADAPTARSE A LAS RESPONSABILIDADES PROPIAS DE LOS PADRES

Los niños lo mismo pueden unir a sus papás que ser la causa de su separación. Es posible que usted y su esposo no estén de acuerdo en ciertas técnicas sobre la educación de los hijos. Es posible que tal desacuerdo pueda llegar a tener serias consecuencias en su vida matrimonial y en la vida de los niños. Si sus diferencias son profundas tengan presente lo siguiente:

— Nunca manifiesten serios desacuerdos en frente de los niños. Esto no solamente los desoncierta, sino que muy pronto ellos se valdrán de esos mismos desacuerdos para poner al padre en contra de la madre y viceversa . . . ¡para ellos salirse con su antojo!

— Una vez que se han puesto de acuerdo en algo, sean sinceros y fieles en cumplirlo. Algunos papás o mamás se ponen de acuerdo fácilmente; pero con la misma facilidad ceden a la presión de los hijos y comienzan a hacer excepciones contra el acuerdo primero.

— Nunca intentes "sacarle el hombro" a tus responsabilidades como padre o madre. El que trae criaturas al mundo tiene ante Dios la responsabilidad de educarlas, de formarlas espiritualmente, y de vigilarlas, supervisando sus diversiones y sus amistades con sus amigos del sexo opuesto a medida que van creciendo, de ayudarles a desarrollar una auténtica conciencia cristiana en materias de sexo, y en todo lo demás. Algunos padres piensan equivocadamente que quedan exentos de estas responsabilidades con enviar a sus niños a la escuela Católica o a las clases de catecismo en la Parroquia. La escuela y la parroquia solamente pueden ayudar a los padres. Nunca pueden sustituirlos, ni mucho menos eximirles de sus obligaciones como padres y educadores.

*Los papás son los modelos de sus hijos.* Los hijos reciben las creencias de sus padres, como también reciben de ellos la jerarquía de valores y actitudes que han de regir su vida. Los niños naturalmente imitan a quienes aman y admiran; es decir, a sus padres que, por tanto, lo quieran éstos o no, se convierten en modelos de sus hijos. Les guste a ustedes o no les guste, su ejemplo producirá en sus hijos una impresión profunda tan poderosa que se impondrá por encima de lo que hayan aprendido en la escuela. Día tras día, en sus acciones, en sus conversaciones, en sus opiniones, en sus comentarios más rutinarios, ustedes irán revelando sus creencias, sus valores, sus actitudes y sus sentimientos: respecto a la religión, a la política, a los vecinos, a las personas de otras razas, a los problemas familiares. Esta es la verdadera escuela que forma o deforma a los niños. Este proceso es lo que constituye "la comunicación de la mente . . . con toda la seriedad, delicadeza y falta de egoísmo que se requiere", en frase de Pío XII, en el ejercicio de la vocación de los padres de familia. Si tenemos presente la seriedad con que el Señor habla contra los que escandalizan a los niños, podremos decidir lo grande y maravillosa que es la vocación de los que los forman como auténticos cristianos. Por eso la vocación de los padres es una vocación a la santidad.

## CAMBIO DE PAPELES

"El crecimiento" es un proceso gradual, durante el cual los niños progresan hacia la madurez a medida que atraviesan varias etapas de desarrollo más o menos claramente definidas. Cada una de estas etapas de desarrollo debería preparar al niño o niña para la siguiente, de modo que el crecimiento sea gradual y continuo. Cada niño y cada niña se desarrolla a diferente rapidez. El deber de los padres es el de anticipar las necesidades de cada criatura en cada una de las etapas del desarrollo comunicándoles el conocimiento y el consejo que las va a guiar durante esos períodos. Pero para eso los papás deben conocer con qué rapidez se está desarrollando su criatura. Esto requiere mucha comprensión, anticipación y planeamiento por parte de los papás.

Para los niños, en cambio, el crecimiento consiste primariamente en pasar del ambiente protector, de dependencia absoluta de la familia, a una atmósfera en que la protección de la familia va desapareciendo, a medida que van ganando libertad e independencia y entrando en el mundo cada vez más complejo de la supervivencia en el barrio, en la escuela, entre los compañeros y compañeras, desde la niñez hasta la edad adulta. A medida que crecen, los niños deben desarrollar su independencia, deben aprender a pisar fuerte, deben asumir la responsabilidad de sus actos. Tal vez, usted piense que sus niños, al crecer, se van alejando del hogar. Es cierto. Pero esto no debe aterrar a los padres. Por el contrario, ellos mismos deben promover la independencia física y síquica sin la cual no puede haber madurez. Mientras que la infancia es una etapa hermosa de la niñez, el infantilismo es una desgracia en los adultos.

## ¿Y SI NO PUEDEN TENER NIÑOS?

Seguramente que nadie aprecia tanto la falta de los hijos como las parejas que involuntariamente no pueden tenerlos a pesar de desearlos ardientemente. Hasta hace poco, la esterilidad era considerada absoluta y definitiva. Hoy día, la ciencia afirma que puede haber personas temporalmente estériles, y personas que son absoluta y definitivamente estériles. En otras palabras, según la ciencia moderna, la fertilidad es una situación relativa tanto en los hombres como en las mujeres. Para los Latinos este punto es muy importante, puesto que hay algunos hombres que, llevados de un falso sentido de virilidad, siempre culpan a la mujer, no queriendo admitir que ellos mismos pueden ser estériles temporales o permanentes. Algunas personas son sumamente fértiles; mientras que otras son moderadamente fértiles, y algunas totalmente estériles.

No conocemos el porcentaje de personas casadas que en esta nación son estériles sin culpa suya; pero los expertos calculan que es de aproximadamente el 10%. Las causas de la esterilidad, sin embargo, son desconocidas hasta el presente.

Lo que sí es cierto, como ya dijimos antes, es que hoy día ningún experto considera que la mujer es la única causa de la infertilidad matrimonial. De hecho la ciencia atribuye la esterilidad al esposo o a la esposa por igual, notando que, a veces, la falta de hijos no es causada por uno sólo de los esposos, sino por una combinación de factores existentes en cada uno de ellos y que combinados producen la infertilidad. Por eso muchas parejas, que hasta ahora han sido consideradas estériles, con ayuda médica, pueden, llegar a tener familia.

En todo caso, gracias a Dios, ya vivimos en una época en que ninguna persona sensata considera que la esterilidad, ya sea temporal o permanente, es algo de lo que hay que avergonzarse. Si ustedes creen que son estériles, no tengan pena en ir a consultar a un Médico. Pero vayan los dos. No le dejen la responsabilidad solamente a la mujer. Si ambos adoptan una postura positiva, las probabilidades de solucionar su situación son muchas más que si toman una actitud negativa y derrotista. Es, incluso, posible que la pareja estéril necesite un sicólogo o un siquíatra. Hemos conocido parejas que han solucionado su problema cuando lograron deshacerse de ansiedades espirituales o sicológicas. Recordamos varias parejas que, después de haber consultado con un sacerdote, cuando, finalmente, dejaron de "tratar" de quedar en cinta, precisamente entonces, inesperadamente, es cuando lo consiguieron.

## LA ADOPCION

Si después de haber consultado a los expertos, médicos, sicólogos, siquíatras, aún no pueden tener familia, pero ardientemente la desean, aún les queda el camino de la adopción. Para comenzar, debemos decir enfáticamente que aquellas personas que piensan: "Si Dios no nos da familia, es porque no quiere que la tengamos", están muy equivocadas. Lo lógico (y ciertamente lo cristiano) sería pensar: "Si Dios no quiere que tengamos familia nuestra, es porque, tal vez, quiere que le ofrezcamos nuestro hogar a algún niño o niña que no lo tiene". Es decir, tal vez, la vocación — una auténtica vocación cristiana — de esas parejas es la de ser padres adoptivos, ofreciendo el amor de unos padres y de un hogar a las criaturitas que, de otro modo, no tendrían padres, ni hogar. Desgraciadamente, hay madres que no pueden criar a sus criaturitas y, por diferentes causas, se ven obligadas a darlas para adopción. Otras madres sencillamente—¡aunque increíblemente!, según el Evangelio—no quieren aceptar el honor y la responsabilidad de la maternidad. Sin embargo, hoy día hay menos criaturas para adopción que hace unos años, debido a los medios de control de natalidad, aborto, y madres solteras que prefieren quedarse con sus criaturas.

La adopción, sin embargo, es un proceso largo y complicado; o, al menos, más largo y complicado que hace unos veinte o treinta años. Afortunadamente, ya no es común encontrar orfanatos superpoblados por criaturitas que esperan ser adoptadas. Muchas agencias de adopción tienen largas listas de parejas que esperan poder adoptar una criatura. Pero no olvidemos que, aunque la adopción no es una solución *fácil* para la esterilidad, es, sin embargo, una solución *buena* y *hermosa*.

Si ustedes deciden adoptar una criatura, su decisión les va a aportar una belleza, un amor, una esperanza y una ilusión tan grande como si la criatura fuera realmente suya. Tanto cuando la criatura es suya, como cuando la adoptan, ustedes hacen un acto de amor. Puede incluso suceder que haya más amor, más generosidad en algunos casos de adopción. En todo caso, la criaturita que ustedes reciben en su hogar, rápidamente se convierte en *su* criatura. Padre o madre no es solamente quien de la vida en el momento de engendrar o de dar a luz, sino también, y sobre todo, quien mantiene la existencia con el alimento, quien educa, quien forma, quien da un hogar y un verdadero amor de familia.

## ¿COMO ADOPTAR UNA CRIATURA?

La mayor parte de las diócesis católicas de Estados Unidos tienen Agencias, aprobadas por el Gobierno, a las que ustedes pueden ir para iniciar el proceso de adopción de una criatura. Generalmente, Caridades Católicas es la Agencia Católica encargada de este proceso. También otras denominaciones religiosas, así como también el Gobierno, suelen tener Agencias parecidas. Tales Agencias trabajan mucho y bien para conseguir un hogar apropiado para cada niño o niña, y un niño o niña apropiado para cada hogar que busca adoptar a una criatura. Algunos Médicos y Abogados también se ocupan de casos de adopción. Tal vez, usted prefiere los servicios de un Médico o de un Abogado, más bien que los de una Agencia, ya sea religiosa o estatal. En todo caso, sin embargo, vayan armados de paciencia para esperar, seguros de que vale la pena esperar para hacer las cosas bien.

## ¿Y SI UNA PAREJA DECIDE NO ADOPTAR?

Una pareja que ha llegado a la certeza de que no puede procrear, posiblemente decida no adoptar, y prefiera permanecer sin familia. Nadie debe pensar que tal decisión es fruto del egoísmo. Tal pareja puede vivir una vida de amor y esperanza; pero, lógicamente, la expresión concreta del amor de esos esposos es un tanto diferente que la de los que tienen hijos. La educación y formación de los hijos exige gran esfuerzo, mucho talento y trabajo constante. Mientras que, en el caso de la pareja que no tiene hijos, ese esfuerzo, ese talento y ese trabajo constante pueden ser puestos al servicio voluntario de otras personas que necesitan ayuda y dirección, o pueden concentrarse en una carrera o profesión que, a la vez que les ayuda a realizarse como personas, puede resultar en beneficio para la sociedad.

Aunque el Matrimonio Cristiano, que se basa en la disposición de aceptar los hijos que Dios mande, presupone, de hecho, el tener y educar hijos, sin embargo, esto no siempre es posible, como hemos dicho antes. Pero lo que sí es necesario es la plenitud del amor en todo matrimonio, aun en aquellos que no pueden procrear. En estos casos el amor cristiano debe llegar a su plenitud en el cuidado y atención mutuos de los esposos, y en la dedicación a obras y movimientos socioreligiosos para el beneficio de la comunidad en que viven y a la que pertenecen.